Tae kwon do

普通高校奥运特色项目系列教材

跆拳道

◎主　编　王大庆　张碧瑜
◎副主编　张　锐　俞　斌　吴　剑　朱　莉
◎参编人员　张华达

ZHEJIANG UNIVERSITY PRESS
浙江大学出版社

图书在版编目(CIP)数据

跆拳道 / 王大庆，张碧瑜主编. —杭州：浙江大
学出版社，2016.11(2024.8 重印)
ISBN 978-7-308-15603-5

Ⅰ.①跆… Ⅱ.①王…②张… Ⅲ.①跆拳道－基本
知识 Ⅳ.①G886.9

中国版本图书馆 CIP 数据核字（2016）第 027014 号

跆拳道

王大庆　张碧瑜　主　编

丛书策划	葛　娟	
责任编辑	葛　娟	
责任校对	杨利军　丁佳雯	
封面设计	周　灵	
出版发行	浙江大学出版社	
	（杭州市天目山路 148 号　邮政编码 310007）	
	（网址：http://www.zjupress.com）	
排　　版	杭州青翊图文设计有限公司	
印　　刷	广东虎彩云印刷有限公司绍兴分公司	
开　　本	787mm×960mm　1/16	
印　　张	14.75	
字　　数	305 千	
版印次	2016 年 11 月第 1 版　2024 年 8 月第 3 次印刷	
书　　号	ISBN 978-7-308-15603-5	
定　　价	38.00 元	

普通高校奥运项目系列教材
学术顾问委员会

普通高校奥运项目系列教材
编委会成员

（以姓氏笔画为序）

序
PREFACE

　　高等学校体育是整个国民体育的重要基础,是我国体育工作的重点内容。21世纪高等教育强调"健康第一"、学生全面发展,把教育改革提高到一个新的高度。2010年《国家中长期教育改革和发展规划纲要》指出今后十年我国教育改革发展要贯彻优先发展、育人为本、改革创新、促进公平、提高质量的方针。随着社会发展和人的需求的变化,高校的社会功能被不断深化,体育的育人功能日益突显,目前"办特色学校,创教育品牌"已成为我国众多教育工作者的共识。时代在变,学生的兴趣爱好也在变,丰富高校体育课程资源,开拓学生喜闻乐见的体育项目是高校体育教育工作者的重要工作。

　　浙江大学根据公共体育教学精品化的发展目标,"关注教育质量的提升,着眼教育内涵的发展"。学校对学生的培养目标是轻竞技,重参与,以大众参与为手段,丰富体育课程资源,满足体育锻炼需要,促进锻炼习惯养成。因而,公共体育教育中心在开设课程的形式方面也作了较大幅度的改革,进行分层次教学,注重知识、技术、技能的层次特点,为学生从事终身体育打下坚实基础。浙江大学公共体育教育以奥运与非奥运项目为主体,以传承与创新为根本,形成内容丰富多彩、形式活泼多样、学生积极参与的校园体育文化氛围。

　　这套奥运项目专项系列丛书包括《篮球》《排球、气排球与沙排》《足球》《乒乓球》《羽毛球》《网球》《游泳》《跆拳道》《高尔夫球》《健身运动》等,教材面向普通本科生、研究生,结合健康教育理念,摆脱传统平铺直叙的编写模式,形成师生互动关系,增加启发性和趣味性,培养和调动学生主动学习的兴趣和积极性。本系列教材既可作为学生体育课教学使用教材,也可作为学生课外自行锻炼的参考书。

浙江大学副校长

前 言
FOREWORD

21 世纪是一个经济快速发展的世纪,面对着激烈的竞争,社会对人才的素质提出了新的要求:增强法治道德观念及社会责任感;构建完善的知识结构;发展智力,培养能力;培养健康的心理素质;塑造健康的道德人格等。故 21 世纪的人才应具备现代化的心理素质,成为智能、知识、信息的合格载体,能从事现代化的创造性劳动,并自觉地服务于社会进步和人类正义文明事业。因此,跆拳道运动对提高大学生素质培养有着十分重要的作用。跆拳道既是一项优秀的传统体育项目,也是东方民族文化的重要组成部分。把跆拳道作为素质教育的内容之一,对当代大学生道德素质、文化素质、身心素质、美育素质、爱国主义精神的养成及智力开发等具有重要作用。

素质的内涵具有时代的特征,不同的时代要求不同的素质。当今社会是一个瞬息万变的社会,要求我们有在竞争中脱颖而出和在挫败中成长的适应能力。自跆拳道项目正式成为 2000 年悉尼奥运会项目以来,我国跆拳道选手在每届奥运会上均有收获金牌。跆拳道项目列入第九届(2012 年)全国大学生运动会,同时列入 2015 年的浙江省第十四届大学生运动会项目。在我国的教育体系中,跆拳道运动以其独特的魅力深受大学生喜爱,且越来越多的高校开设了跆拳道选修课及跆拳道社团。

全书共分八章。根据近几年来跆拳道在国内外的发展,以及高校跆拳道运动的普及,以初学者为例,并结合中国跆拳道协会的晋级考带制度,从低级带位到高级带位,循序渐进地把跆拳道级位(黑带以前)的主要学习内容与技术动作分为:初级篇(第二章)、中级篇(第三章)、高级应用篇(第四章)。其他章节讲述了跆拳道的其他知识点:第一章跆拳道运动概述,第五章跆拳道训练方案、方法及评价、第六章跆拳道运动安全,第七章跆拳道竞赛规则与裁判法。在每章的最后还列举了拓展知识。这是一本非常适合高校跆拳道的专业教材。

本书中的图片动作示范"腿法和裁判判罚手势"由主编王大庆完成;其他示范动作由浙江大学跆拳道校队优秀学生完成:沙浩然(品势动作)、季白雪(柔韧动作和防身术)、项一城、王堉伦(防身术)、胡思昀、王儒轩。季白雪完成本书的动作拍摄和图片处理工作。

编委会
2015 年 11 月

目 录
CONTENTS

第一章　跆拳道运动概述

　　跆拳道是一项手脚并用的传统搏击格斗术,也是一项以腿法对抗为主要形式的现代竞技运动,更是一门强健体魄、磨炼意志品质的高尚武道文化。跆拳道教学把"道德教育放第一,运动技巧放第二"。由于跆拳道特有的自卫、竞技比赛功能和道德礼仪教育功效,受到高校学生们的推崇和喜爱。

　　通过本章的学习,了解跆拳道运动的起源与发展简史、跆拳道运动的分类及其特点,了解礼仪礼节、跆拳道精神的内涵、等级段位制度、道服的系法等。跆拳道精神可以引领学生们科学地进行体育锻炼,提高运动能力,养成良好的行为习惯与健康的生活方式。

第一节　跆拳道运动简史及发展

一、跆拳道的起源与发展

　　跆拳道起源于约 1500 年前朝鲜半岛(现朝鲜和韩国)的民间武艺,是一项利用拳和脚进行搏击的对抗性运动。跆拳道称"跆跟、花郎道",1955 年后正式被称为"跆拳道"。

表 1-1　跆拳道的起源与发展简史

时　　期	发展概况
688 年	新罗王国统一了朝鲜半岛,这个时期技击术(跆拳道前身)得到了大力推广。
935 年	新罗王朝被推翻,高丽王朝建立。高丽军队勇敢善战,士兵们常常用拳掌击打墙壁或木块,以磨炼手部的攻击能力。十分喜爱徒手搏斗的忠惠王曾专门邀请臂力过人、武功超众的士兵金振都(亦有称金扼郁)到宫廷表演手搏技艺,使手搏技艺声望大震,并日渐被广大民众所接受。
1392 年	高丽王朝被朝鲜王朝(简称李朝)取代,武功及技击术没有得到足够的重视,但在民间,这一活动始终没有停止。

续表

时　　期	发展概况
1790 年	汇编成书的《武艺图谱通志》中收录了"手搏""跆跟"等武艺的技术与方法,以及动作图解和一些器械的使用方法,并将很多技击性很强的武术技艺融会到"朝鲜的自卫术(1955 年之后称跆拳道)"的技法之中。
1910 年	日本侵占朝鲜后,建立起殖民政府,一度下令禁止所有的文化活动,朝鲜的自卫术自然也在劫难逃,在朝鲜境内销声匿迹。一些不甘寂寞或被生活逼迫的人远离国土,到中国或日本谋生,同时把朝鲜的自卫术(之后的跆拳道)延续下来。更为重要的是将其与中国武术和日本武道交融与结合,孕育了新的技术体系。第二次世界大战后,自卫术再度兴起,从异国他乡回归故土的朝鲜人也将各国的武道技艺带回本国,逐渐与朝鲜的自卫术(之后跆拳道)融为一体,形成了现在的跆拳道体系。
1955 年	正式称朝鲜的自卫术为"跆拳道"。
1961 年 9 月	韩国成立唐手道协会,后更名为跆拳道协会,并成为全国运动会正式竞赛项目。
1966 年	第一个国际组织——国际跆拳道联盟成立。
1973 年 5 月	在汉城成立世界跆拳道联合会。同时第一届跆拳道世界锦标赛也在汉城举行,当时有来自 19 个国家和地区的选手参加。
1973 年	"世界跆拳道协会"成立。有美国、日本、马来西亚、新加坡、朝鲜、菲律宾、柬埔寨、澳大利亚、科特迪瓦、乌干达、英国、法国、加拿大、埃及、奥地利、墨西哥等二十多个国家和中国香港、台湾地区加入。目前会员仍在不断增加。
1973 年	第一届世界跆拳道锦标赛在韩国汉城(今首尔)举行。
1974 年	第一届亚洲跆拳道锦标赛在韩国汉城(今首尔)举行。
1975 年	"世界跆拳道联合会"(简称世界跆联)被国际体育联合会接纳为正式会员。
1980 年	国际奥委会正式承认了世界跆联。迄今为止,世界跆联已有 144 个会员国、6500多万爱好者参加练习。
1986 年	在第十届亚运会中,跆拳道被列为正式比赛项目。
1988 年	跆拳道在韩国汉城奥运会首次亮相后,为了适应国际重大比赛,跆拳道的技术在不断地变革和发展。
1988 年	汉城(今首尔)的奥运会成为表演项目,并于 1992 年的巴塞罗那奥运会开始进行公开竞赛,但其成绩并不计入奖牌榜。
2000 年	跆拳道在悉尼奥运会上成为正式的比赛项目。
现今	跆拳道已被列入许多重大赛事,如世界大学生运动会、世界军人运动会、亚洲运动会、全非洲运动会、东亚运动会、世锦赛、世界杯、奥运会等国际比赛的正式项目,同时已有 180 多个国家加入到世界跆拳道联合会,世界跆拳道大家庭在不断扩大。时代在不断变化,随着它的变化,跆拳道也将不断地发展延伸下去。

二、跆拳道在我国的发展

随着跆拳道运动在世界体育界的蓬勃发展和奥运会项目的确立，我国体育界意识到开展跆拳道运动的重要性和必要性。自1992年开始，我国在"国家管理，依托社会，健康规范，迅速起动"方针的指导下，有步骤、有计划地开展跆拳道运动。中国跆拳道发展概况如下：

表1-2　跆拳道在我国的发展

时　期	发展概况
1992年10月	经国家体委综合司、国际司会签及袁伟民副主任的批准，中国跆拳道协会筹备小组正式成立。
1994年5月	在河北正定举办首届全国跆拳道教练员和裁判员学习班。
1994年9月	首届全国跆拳道比赛在昆明举行，15个单位约150余名运动员参加比赛。这次比赛标志着跆拳道比赛在我国正式开始。
1995年5月	首届全国跆拳道锦标赛在北京体育大学举行，有22个单位约250名运动员参加比赛。
1995年8月	正式成立中国跆拳道协会，魏纪中当选为第一位协会主席。
1995年11月	中国跆拳道协会被世界跆拳道联合会WTF(The World Taekwondo Federation)接纳为正式会员。
1996年5月	在浙江金华举行"96中国万基杯全国跆拳道锦标赛"，来自全国各省、自治区、直辖市、体育院校等33个单位的308名运动员参加比赛。
1996年6月	经国家体委批准，中国跆拳道队9名运动员参加在墨尔本举行的第一届亚洲跆拳道锦标赛，获铜牌1枚。
1997年5月	中国跆拳道队参加在韩国釜山举行的东亚运动会，有8个国家的50多名运动员参加比赛，中国队获2银、3铜。
1997年8月	中国跆拳道队参加在英国举行的国际A级跆拳道比赛，有35个国家的600多名运动员参加了比赛，中国队获1银、2铜
1997年11月	香港举行的第十三届男子、第六届女子锦标赛上，中国跆拳道代表队经过顽强拼搏，获得1银、1铜、3个第5名的战绩。
1998年5月	在越南举办的第十三届亚洲跆拳道锦标赛上，我国女运动员贺璐敏为中国赢得了第一枚亚洲比赛金牌，实现了我国在正式国际比赛中金牌零的突破。
1999年6月	在加拿大埃特蒙多举行的世界跆拳道锦标赛上，我国女运动员王朔战胜多名世界强手，获得女子55公斤级冠军，这是我国运动员获得的第一个跆拳道世界冠军。
2000年9月	陈中在悉尼奥运会中，为我国取得了首枚奥运金牌。从此，中国跆拳道选手在跆拳道重大比赛中屡创佳绩，不断涌现出优秀跆拳道人才。
2004年7月	中国跆拳道协会召开正式成立大会，魏纪中任协会顾问，崔大林任主席。

续表

时　期	发展概况
2004 年 8 月	雅典奥运会上,陈中再次出征成功卫冕,与罗微分别为中国摘夺"女子 67 公斤以上级"和"女子 67 公斤"金牌。
2008 年 8 月	北京奥运会上,吴静钰取得女子 49 公斤以下级冠军。
2012 年 8 月	伦敦奥运会上,吴静钰再次站上最高领奖台,蝉联女子 49 公斤级金牌。

第二节　跆拳道的分类

大众跆拳道是指有关跆拳道礼仪、技术、精神、哲学思想及文化价值的全部内容,它可分为品势、竞技、击破与特技、跆拳道舞、自卫术等。

一、品势

品势就是将基本技术按照一定原理进行有机的排列与组合,每章品势都有固定形式的起势和收势,有各自的动作运行路线和文化含义。跆拳道晋升级位包括太极一章至八章八套品势,晋升段位包括高丽、金刚、太白、平原、十进、地跆、天拳、汉水、一如。跆拳道品势还包括自编的品势,用于品势表演和品势比赛。

二、竞技

竞技又称双人对抗比赛,它是在一定时间和空间内,同性别、同级别的运动员运用允许的技术,进行攻防比赛的双人格斗运动。比赛主要由三部分人员组成:运动员、教练员和裁判员。运动员是比赛的主体,教练员对参赛运动员进行临场组织和指挥,比赛的胜负由裁判员来裁决。竞技跆拳道运动员平时的训练就是为了在赛场上展示风采,取得满意的成绩。比赛可以使运动员认识跆拳道比赛,正确对待比赛的胜负,提升运动员的价值观,还可以提高运动员的意志力,提高运动员勇于拼搏、积极向上的良好品格。竞技跆拳道成为 2000 年悉尼奥运会的正式比赛项目。

三、击破与特技

击破和特技是跆拳道练习功力和展示功力的主要形式。事实证明,经过长期科学合理的专门训练,人体关节部位(拳、掌、肘、膝、头等)能够达到力量充沛、坚硬如铁,可以通过跆拳道技术击碎木板、砖瓦等。这些常人觉得不可思议的事,对训练有素的跆拳道练习者来说都会变得轻松自如。击破增加了跆拳道的神秘色彩和吸引力。在跆拳道特技

表演中,练习者能完成较大难度的技术动作,充分表现了跆拳道练习者的速度、准确、腾空高度,表现了跆拳道高超的技巧和攻击力。

四、跆拳道舞

根据特定音乐的节奏来表现跆拳道技术,成为现代跆拳道的一种重要表现形式。结合音乐练习主要有两种:一种是利用节奏鲜明的音乐引导练习者进行跆拳道舞(操)的练习,现在逐渐成为跆拳道一种新的表现形式,非常受广大练习者的欢迎。另一种是利用意境深远的音乐引导练习者体验跆拳道的练习意境。

五、自卫术

自卫术又名防身术或护身术,它是利用人体自身的四肢和躯干来进行攻击和防守,是武道技法的根源。跆拳道品势中的动作都有特定的攻防含义,都具有特定的攻防作用。练习跆拳道直接的目的就是了解和认识自卫术,在不断的修炼过程中,逐渐掌握自卫术,从而真正体会跆拳道的格斗搏击威力。跆拳道自卫术的内容主要包括:利用关节进攻和防守,同时还利用擒拿术、器械等进行格斗。

跆拳道自卫格斗还经常用于表演。先设计一定的情节然后根据情节进行表演,从而表现跆拳道惩恶扬善、见义勇为的高尚精神,表现跆拳道高超的武功和防卫技艺等。

第三节 跆拳道的特点

大众跆拳道分为品势、竞技、特技等。品势的主要特点为旋转与交叉;竞技的特点是快、准、狠;特技包括击破、跆拳道舞,其特点是难度高、观赏性强。结合前面几点,大众跆拳道特点主要表现为以下几点。

一、技法全面、突出腿技、注重功力

跆拳道在技法全面的基础上,突出了对腿技的应用与研究,总结了一套优秀的腿技修炼法。由于腿的打击距离远,攻击隐蔽性强、威力大,因此,跆拳道把腿技修炼和运用摆在了突出位置,并在多年的实践中积累了丰富的腿法技击经验,这就使腿技成为跆拳道所有技法的突出代表。跆拳道也因此而著称于世。据统计,腿法技术在整体运用中约占70%,在竞技跆拳道技术应用中,由于竞技规则的限制与引导,使腿法的使用达到了90%以上。跆拳道特别注重功力训练,修炼的目标是:使身体强如盾牌、拳如铁锤、手掌如刀、指如尖锥,使身体攻击部位强劲无比,犹如随身携带的武器。跆拳道理论认为,手、脚、肘、膝等是上天赐予人自我保护的最佳武器,比其他任何武器都便于使用,利用特有

的方法来进行练习,可以使这些部位更加锐利。跆拳道使用击破的方法来检验练习者的功力水平,如断砖、碎板、破瓦等,练习者还经常在重要场合把击破作为展示跆拳道威力的手段进行表演。

二、方法简练,稳健刚劲、技击性强

不论是在比赛时还是在实战中,跆拳道的进攻方法都是十分简洁而实效的。对抗时双方都是直接接触,以刚制刚,用简练硬朗的方法直接击打对方,或拳或腿,速度快,变化多;防守的动作也是以直接的格挡为主,随之就是刚劲连续的反击技术。防守时很少使用躲闪防守法,追求刚来刚往、硬拼硬打,尽可能保持或缩短双方间的距离,以增加击打的有效性,在近距离拼斗中争取比赛或实战的胜利。

三、内外兼修,功法独特

跆拳道理论认为,经过专门训练,人的关节部位能产生不可思议的威力,特别是拳、肘、膝和脚四个部位,尤以脚和手为甚。长期专门练习跆拳道,可以使人达到内外合一的程度,即内功和外力达到统一的巅峰。由于无法确定人体关节部位武器化的威力和潜力到底有多大,只有通过对木板、砖瓦等物体的击打来测定练习者的功力水平。功力测验是跆拳道训练水平、晋级考试、表演和比赛的一个重要内容,以此显示出跆拳道独特的功法和特点。

四、严格的段位晋升制度

跆拳道用不同的级和段来表明练习者的修炼层次。跆拳道的段位晋升制度分为晋段和晋级。具体分为十级九段。不同的级要佩戴不同颜色的道带,入段后将系黑色道带。跆拳道的晋升制度非常严格,只有在一定的年龄段、练习足够的时间、经过规定内容考试合格后才可以晋级或晋段。这种制度不但能使练习者长期保持练习兴趣,不断追求更高的目标,而且还能使初学者按部就班地进行学习和锻炼,从而使跆拳道功夫循序渐进地增长,使跆拳道练习者建立一个比较扎实的功底,同时还可以有效地避免好高骛远与贪多冒进。

第四节　跆拳道基础知识

一、跆拳道的含义

所谓跆拳道,跆(TAE),意为以脚踢、摔撞;拳(KWON),以拳头打击;道(DO),是一

种艺术方法。跆拳道是一种利用拳和脚的艺术方法。它是以脚法为主的功夫,其脚法占70％。跆拳道的套路共有24套,另外还有兵器、擒拿、摔锁、对拆自卫术及10余种基本功夫等。简言之,跆拳道三个字的含义:跆是指脚上的技术,拳是指手上的技术,道是指击打的艺术体现与跆拳道精神内涵。

二、礼义与精神

1. 跆拳道宗旨

跆拳道训练要求"以礼开始、以礼结束"。"礼义教育"贯穿于跆拳道修炼的整个过程,跆拳道精神体现在跆拳道技术修炼过程中的礼义礼节,它的鲜明特色之一就是倡导"以礼始,以礼终"的崇礼尚武精神:每次练习前须先向国旗致礼,然后向教练敬礼;练习中只要有与教练及同伴接触的时候要先敬礼后进行练习;练习结束时要向国旗、教练敬礼。在跆拳道练习的整个过程始终充满着仁义尚礼的气氛和精神,这种精神逐渐转化成人的情感基础,培养出人的尚礼情感和对跆拳道运动发自内心的热爱和崇尚。

2. 跆拳道精神

跆拳道精神可以定义为两种:一种是通过修炼跆拳道而获得的身心进一步升华的状态;另一种是对跆拳道修炼的姿态或欲,通过跆拳道修炼获得的精神价值。跆拳道精神的教育价值在于它能使修炼者通过反复的身心锻炼最终养成修身养性的习惯。身心习惯的锻炼不仅能培养意志力、创造力、克己能力,还可以提高身体的敏捷性和健康性,从而培养自信心和自我控制力,最终形成积极进取的人格。

跆拳道精神包括"礼义、廉耻、忍耐、克己、百折不屈"。

◎礼义:对人有礼,不卑不亢;

◎廉耻:有羞耻之心,知耻而后勇;

◎忍耐:有毅力,能包容;

◎克己:有自制力,控制自己的情绪和欲望;

◎百折不屈:遭遇挫折不气馁,永不言弃,越挫越勇。

跆拳道精神体现在跆拳道技术修炼过程中的礼节、规则、跆拳道道服的特征、跆拳道未来的发展方向和内容上。

3. 鞠躬的含义

跆拳道的礼仪形式主要是鞠躬礼。鞠躬的含义是尊重、礼貌、友谊、谦逊、感谢,是表达内心思想的一种外在方式(即通过鞠躬这样的一个外在方式来表达对对方的尊重、礼貌、友谊、谦逊、感谢)。练习者具体行为要求表现为:

◎每次进出训练馆时需向国旗行注目礼、鞠躬礼,这是对国旗的尊重和爱国的表现。

◎每次见到教练、家长、队友、老师及长辈,先说声"您好",同时行鞠躬礼表示尊重。

◎在得到教练、老师、家长、队友等的帮助后(如两人对练,脚靶、护具对练等交换练习时),先说声"谢谢"或"辛苦了",同时行鞠躬礼表示感谢。

◎在向教练、老师、家长、队友等请教问题前,先行鞠躬礼,在得到解答后再次行鞠躬礼表示感谢。

◎做错事或做错技术动作后,在教练、家长、老师进行批评后,行鞠躬礼的同时说声"对不起!"表示歉意,以得到原谅并一定努力改正。

◎做任何事情都需要礼让他人。如在吃饭的时候要等长辈先动筷子后才可以吃,主动帮助父母做些家务,尊老爱幼,主动给长辈开门关门、让行、让座等,进出家门要向长辈问候并行鞠躬礼。

◎当教练或领导进入训练馆时,所有学员必须马上立正行鞠躬礼并问候,等教练或领导示意后方可进行其他的活动(在教练或领导出去训练馆时同样进行),表示尊重和欢迎。

◎训练时,级别低的同学须主动向级别高的同学行鞠躬礼,级别高的同学同时还礼。培养良好的等级观,表示对学长的尊重(因为他付出的汗水与艰辛比你多,这不代表训练水平的高低)。

◎要知道父母(长辈)的生日、重要节日等,送一些表达心意的小礼物与关怀的问候。行鞠躬礼是一种内在心灵的体现,而不是一种形式,所以在行礼时要真诚。

4.鞠躬的对象

国旗:代表我们的国家,尊重国家、爱护国家,国家的利益高于一切。

老师/教练:付出的艰辛比你多,教你明白跆拳道的内涵与技术。

家长及长辈:因为家长及长辈给予了你最无私的爱和最真诚的关怀。

同学/队友:相互团结、互相帮助、同甘共苦,尤其对学长,他的付出比你多。

5.基本站姿、坐姿与行礼

(1)立正:两脚并拢,两脚尖正对前方,收腹挺胸,双手成半握拳放于双腿两侧,双臂自然下垂,双眼平视前方,神态自然(见图1-1)。

(2)跨立:跨立也叫稍息,左脚迈出一脚长的距离与肩同宽,内侧平行,重心在两腿中间;双手半握拳,左手在上,右手在下,叠加,犹如握了一根木棍,放于身后腰带上;收腹挺胸,两眼平视前方,神态自然(见图1-2)。

(3)行礼:行礼可分为注目礼、鞠躬礼和握手礼。

◎注目礼:一般情况下,对国旗敬礼的时候需行注目礼,要求身体立正姿势,右手大拇指扣回掌置于左胸前,思想集中,目视国旗约3秒后把右手放回,神情肃穆庄严(见图1-3)。

图 1-1　立正

图 1-2　跨立

图 1-3　注目礼

◎鞠躬礼:身体成立正姿势,身体前倾弯腰30°,脖子45°,两手微抬,两眼看离脚尖一米距离的地面,停顿1秒左右还原成立正姿势,神态谦卑、祥和,并说"请指教"或"辛苦了"(见图1-4)。

图1-4　鞠躬礼

◎握手礼:两人面对面成立正姿势,握手时,左手掌放右手的肘关节下面,右手伸直往前,右脚往前一步,握住对方的手,神态真诚、友好,并说"请指教"或"辛苦了"(见图1-5)。

图1-5　握手礼

(4)坐势:坐势分为盘坐与跪坐。

◎盘坐:双脚交叉,右脚在前,盘腿坐于地上,双手握拳放于双膝上,收腹挺胸,眼睛

平视前方,神态自然(见图1-6)。

图1-6 盘坐

◎跪坐:跪坐有男生女生之分。女生跪坐:膝关节并拢跪于地上,双脚脚背绷直贴地,双手握拳放于大腿上,收腹挺胸,眼睛平视前方,神态自然(见图1-7-a)。男生跪坐:膝关节分开跪坐于地上,双脚脚背绷直贴地,前脚掌重叠,双手握拳放于大腿上,收腹挺胸,眼睛平视前方,神态自然(见图1-7-b)。

图1-7-a 女生跪坐

图1-7-b 男生跪坐

(5)交换脚靶:两人面对面,一米左右的距离成立正姿势站好,双方脚都不动略弯腰,一方双手拿靶往前提,另一方接靶,并说"辛苦了"或"请指教"(见图1-8)。

图 1-8　交换脚靶

6.跆拳道道带的系法

跆拳道道带有其固有的系法与讲究,系好后道带两端长短需一样长,如果两端长短不一,是对道带不恭敬的表现,并在训练过程中要经常背身整理道服道带,这是练习跆拳道的一种最起码的尊敬。道带系法步骤如下:

(1)选择长度适宜、符合自己技术等级的腰带,两端对齐折叠。中间折叠部分用手指压一压,留下中点的折叠痕迹(见图1-9)。

图 1-9

(2)中点对准髋骨横断线的腹前中点,大约肚脐部位,双手拇指在上、四指在下、掌心向里,顺着腰带向身后滑动,在身后重叠相压至前(见图1-10)。

图 1-10

（3）右手持的一端在里，左手持的一端在外，双手交换腰带，向前滑行，右边腰带的一端往中点处，右手沿中点握住三层重叠的腰带，左手持外层腰带的一端，从下往里穿过三层腰带，双手均匀用力拉至松紧适宜的程度（见图 1-11）。

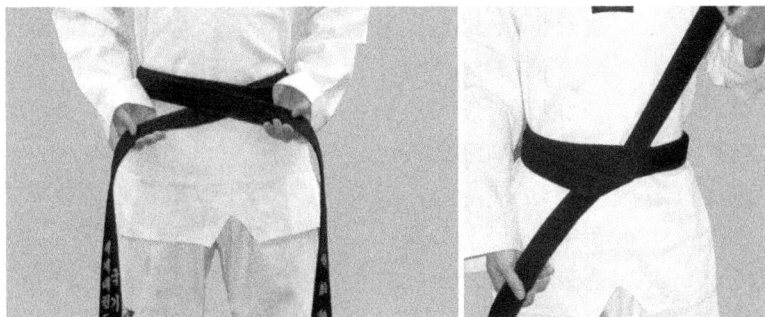

图 1-11

（4）翻转下边的腰带一端，使之成为一个弯形。左手持腰带的另一端从下往上往里穿过，双手交换，各持一端，用力一拉，整理打结处，使腰带优美地下垂（见图 1-12）。

图 1-12

三、跆拳道等级分类

跆拳道的等级是用于评定练习者的跆拳道学识造诣和技术水平的,分为十级九段(严格意义上讲是九级九段,因为白带无须考级)。跆拳道等级包括晋级和晋段,级位由低至高依次为初级十级、九级、八级、七级、六级、五级、四级、三级、二级和一级。段位由低至高依次为一段、二段、三段、四段、五段、六段、七段、八段、九段。

1.跆拳道等级及道带颜色区分

不同的级别腰带的颜色也不一样,十级的道带颜色依次为白带、黄带、黄绿带、绿带、绿蓝带、蓝带、蓝红带、红带、红黑带、黑带,其中黑带级别最高,初学者必须接受一段时间的训练,经考试合格后方可晋级。练习者最少需要一年半时间完成第一阶段后,再经更严格的训练和考试才能晋升到第二阶段即黑带阶段,黑带又分九段,段数刺绣在黑带两端以便识别。《中国跆拳道协会级位制度管理办法》跆拳道等级及道带颜色区分如下:

白带(初学者)　　　　白黄带(九级)

黄带(八级)　　　　　黄绿带(七级)

绿带(六级)　　　　　绿蓝带(五级)

蓝带(四级)　　　　　蓝红带(三级)

红带(二级)　　　　　红黑带(一级)

黑带(一段/品)　　　　黑带(二段/品)

黑带(三段/品)　　　　黑带(四段/品)

黑带(五段)　　　　　黑带(六段)

黑带(七段)　　　　　黑带(八段)

黑带(九段)

其中,初级白带无须考试,学员学满五课时自动转为白带;每次满一个月方可申请晋升高一等级。

2.升段年限和年龄限制

段位从低至高,依次为一段(品)至九段,获得一段(品)以上段位的跆拳道练习者系黑色腰带。《跆拳道国际段位制度实施管理办法(暂行)》,升段年限和年龄限制见下表:

表 1-3　升级年级与年龄限制

段　位	时间限制	段位开始年龄	品位开始年龄
1 品	无	无	15 岁或以下
1～2 品	1 年	无	15 岁或以下

段　位	时间限制	段位开始年龄	品位开始年龄
2～3 品	2 年	无	15 岁或以下
3～4 品	3 年	无	18 岁或以下
1 段	无	15 岁或以上	无
1～2 段	1 年	16 岁以上	15 岁以上
2～3 段	2 年	18 岁以上	15 岁以上
3～4 段	3 年	21 岁以上	18 岁以上
4～5 段	4 年	25 岁以上	22 岁以上
5～6 段	5 年	30 岁以上	30 岁以上
6～7 段	6 年	36 岁以上	36 岁以上
7～8 段	8 年	44 岁以上	44 岁以上
8～9 段	9 年	53 岁以上	53 岁以上
9～10 段	10 年	60 岁以上	60 岁以上

所有应试者必须符合升段的年限和年龄期限。

1、2、3 品位的获得者 15 岁以后将拥有相同段位，可更换相同段位的证书；4 品在 18 岁以后将拥有相同段位，可更换相同段位的证书。

第五节　跆拳道运动与健康

世界卫生组织提出：健康是指生理上、心理上、社会适应上的状态完好，而不仅仅是没有疾病和不虚弱状态。因此健康是指一个人在身体、精神两个方面都处于良好状态。健康是生命存在的最佳状态，是人们希望拥有的最大、最重要的财富。

生命在于运动。体育是"以身体为媒介，以谋求个体身心健康、全面发展为目的，并以完善的社会公民为终极目标的一种社会文化现象或教育过程"，具有"文明其精神，野蛮其体魄"的功效。

大量资料显示，现代社会心理疾病发病率不断攀升，这是由于快节奏生活、工作竞争压力加大，进而导致心理紧张造成的。光有丰富的文化知识，却没有良好的心理素质将很难适应未来的社会生活。我国现代青少年儿童中普遍存在意志力薄弱、动手能力差，

身体健康素质低下、心理承受力不强以及自私自利等状况。因此以培养学生真正生存能力和非智力因素为着重点的素质教育便显得尤为重要。

在国家教育部倡导"阳光体育工程""德育教育和中国传统文化回归"之际，跆拳道运动凭借其对人的身体素质、思想道德素质和心理素质等多方面培养和锻炼，为当前的素质教育添上了浓墨重彩的一笔。跆拳道运动的教学内容简单、目的性明确，有清晰的教学大纲和考核要求，并以此极大地促进学生的身心健康。同时，跆拳道注重以身体运动带动练习者良好心理品格的形成。从知、情、意、行几方面入手，通过丰富学生科学文化知识和塑造学生强大的心理素质，来培养学生的健康人格。

跆拳道是一项优秀的传统体育项目，也是东方民族文化的重要组成部分，将其列为素质教育的核心内容之一，对当代大学生爱国主义精神、文化道德素质、身心健康、美育素质以及智商、情商发展均具有重要促进作用。

一、促进大学生的运动能力

跆拳道的技术动作是由全身协调配合，通过骨骼、关节和肌肉的联系来完成各种动作，主要是通过各种各样的腿法来表现。跆拳道品势以其变幻莫测、潇洒自如的腿法著称于世，被世人称为踢的艺术，跆拳道的腿法讲究的是灵活多变，这对人体的柔韧性、大脑的反应能力、身体运动的稳定性和灵敏度都有很高的要求，是对人体机能和体能的综合考验。根据跆拳运动美育功能，通过锻炼不仅可以使学生掌握跆拳道的基本技能，同时也可以提高学生的各项运动能力。

二、培养大学生的意志品质

跆拳道是把人类生存的本能意识，用肢体有力的动作表现出来的一种方式，要求人们把精神的欲求具体化。它从消极的防御动作发展到积极的进攻形态，要求练习者无论在训练和比赛时，都自觉战胜拳脚交加、激烈对抗产生的疼痛。不畏强手、顽强拼搏，努力克服在训练和比赛中遇到的困难。这些都是意志品质的具体表现，良好的意志品质是学习跆拳道真谛的保证。跆拳道精神是"礼仪、廉耻、忍耐、克己、百折不屈"，学习跆拳道可以培养学生顽强拼搏、坚韧不拔、积极向上的意志品质。

三、提高大学生的审美能力

随着跆拳道表演在近几届奥运会开幕式上的亮相，它以独特的、不同凡响的魅力让世人惊叹！而现代跆拳道运动以竞技、健身、娱乐表演为一体，为美育素质教育提供了基础。跆拳道练习不仅可以让学生从人体美塑造、行为美培养、运动美创造等不同角度提高审美能力和创造美的能力，更重要的是它能培养当代大学生正确的审美观念、健康的审美情趣，美化人的心灵，提升人的精神境界。

四、完善大学生的心理素质

经调查和研究发现,大学生的心理问题主要表现为:缺乏学习动力,不能集中精神进行学习,适应困难,没有学习目标,自我评价失调,人际关系适应不良等。跆拳道运动,可以为学生树立正确的学习目标、激励学习动机;通过练习可以提高学生的自信心和心理承受能力,通过比赛交流可以从客观的角度进行自我评价,培养良好的人际交往能力与团队精神,从而使学生心情快乐,不断完善学生的心理素质。

五、提高大学生文化素质教育

大学生学习跆拳道的同时也是对跆拳道的认知过程,这种认知过程就是文化素质修养的提高。跆拳道运动中蕴藏着中国古文化修养中"内用黄老,外示儒术"的深刻含义,以道家为"体"、以儒家为"用",形成了强大的生命动力。通过跆拳道基本知识的教授,不仅可以使大学生掌握运动技术、科学锻炼身体的方法,还可以在技能形成过程中对其进行智能教育,激发学生的求知欲望,丰富学生的民族体育文化知识,领悟东方传统文化,拓宽大学生知识面。

六、提升大学生的道德人格

首先,跆拳道推崇"以礼始,以礼终"的宗旨和"礼义、廉耻、忍耐、克己、百折不屈"的尚武精神,通过跆拳道运动可以培养练习者坚韧不拔、勇敢无畏、顽强坚毅的意志品质。其次,通过跆拳道竞赛,可以培养学生的勇敢顽强、灵活机智、不甘落后的进取精神和互助合作、团结友爱的集体主义精神。

知识拓展

跆拳道修炼者行为规范

柔韧是跆拳道的基础,速度是跆拳道的根本,技术是跆拳道的灵魂,耐力是跆拳道的保障,礼仪是跆拳道精神的体现。

一、训练中的要求与惩罚

1.迟到的学员(提前五分钟换好衣服),当集合完毕后未到的学员,进入道馆后向教练行鞠躬礼后,主动在场地后方边上自觉做 20 个俯卧撑,起立后向教练、队友行鞠躬礼,表示道歉后站立,得到教练许可后再次行鞠躬礼进入队列训练。

目的:培养学员良好的守时习惯,有特殊情况已请假学员除外。

2.训练课中时刻保持道服干净整洁,每次整理道服先向教练行鞠躬礼,然后背向国

旗整理服装,整理完毕转身面向教练行鞠躬礼,以表示歉意。

目的:养成干净整洁的习惯。

3.训练中如气势不足、注意力不集中、动作不到位、没能全力以赴,教练示意后立即行鞠躬礼后做 10 个俯卧撑,要求动作到位否则无效。起立后向教练行鞠躬礼,表示道歉。

目的:注意力集中、刻苦训练。

4.队友间要相互帮助及尊重,如踢靶、实战训练等需要两人互相配合练习,练习开始与结束都需互行鞠躬礼。在训练过程中必须认真负责、帮助队友做好每个动作。

注:两人在交换脚靶或任何训练器具时要双手接送并同时行鞠躬礼。

目的:培养队员间团结精神和互相尊重的良好习惯。"朋友"是人生最大的财富。

5.教练讲话时学员需跨立站好或端正坐好目视教练认真听讲,不得随意打断教练讲话,如要提问需行鞠躬礼或得到许可后方可提问,得到解答后行鞠躬礼并说谢谢您!

目的:培养学生良好的课堂纪律、尊师重教的传统美德。

第二章　跆拳道初级篇

跆拳道在成为竞技运动的同时,对大学生而言又是一项极好的体育运动。在跆拳道竞技比赛中,前踢虽然不是技术得分腿法,但它是跆拳道的根本,一般所有腿法都会用到前踢的提膝技术,所以前踢是学好其他腿法的最根本的技术。横踢是跆拳道的基础,很多腿法都是横踢演变出来的,同时横踢也是竞技比赛中的主要得分腿法。由于下劈腿法的得分比较高,故在比赛中下劈被选手采用的也比较多。以上三种腿法为初级修炼者必学腿法。

本章内容是初学者要掌握的最基本的"腿法、步法、手法",主要介绍跆拳道基础动作要领和知识点及方法,基本步法中介绍了实战准备姿势、换势、站位形式、前滑步、后滑步、上步、撤步、前交叉步、后交叉步;腿法中介绍了前踢、横踢、下劈及组合腿法的运用;品势基本式站姿中介绍了并步、并排步、马步、弓步;品势基本式手法中介绍了下格挡、中位内格挡、上格挡、直拳;品势套路中介绍了太极一章至二章的动作及线路图,这是大约9～7级要掌握的主要知识内容点。

第一节　跆拳道基本步法

跆拳道步法是根据比赛对手的位置、运动状态,通过两腿及身体的协调配合,有目的地移动身体位置的方法。虽然步法是一种非得分技术,但其在跆拳道竞技比赛中起着重要的作用。熟练掌握跆拳道步法是跆拳道运动员比赛取胜的基础。跆拳道步法有以下作用:

第一,抢占有利位置。通过步法移动来保持和获得合适的距离及角度,从而占据有利的位置,为实施进攻和反击创造条件。

第二,维持身体平衡。只有做到身体的相对平衡,才能充分发挥各种技术的威力,在实战中占据主动。跆拳道竞技比赛的平衡是一种动态平衡,如果没有坚实正确的步法技术作基础,就难以获得这种实战平衡。

第三,连接技术。跆拳道比赛中的进攻和反击大多数是在移动中完成的,灵活快速的步法移动,可以把各种技术连接起来,使技术得以充分发挥。

第四,防守对手的进攻。通过机智灵活的移动能使对手的攻击落空,达到防守的目的。

第五,干扰对手。进攻和反击往往要与步法配合使用,因此,步法可以作为假动作来使用,使对手对你的战术真假难辨,从而抓住更多的战机,提高技术使用的成功率。

跆拳道步法在实际应用中,有时使用单个步法,有时需要把两个或两个以上步法衔接起来,形成组合步法。

在本章和后面两章(第 2～4 章)中将会介绍跆拳道竞技中的各种步法。

一、实战准备姿势、换势、站位形式

准备姿势也称实战姿势或预备姿势,是跆拳道比赛中双方开始时的基本站立姿势。准备姿势应便于进攻和防守反击以及步法的移动。

1.实战姿势

【动作规格】

两脚前后开立,两脚距离比肩略宽,两脚脚尖 45°斜向右前方,前脚的脚掌和后脚的脚跟在一条线上,后脚跟抬起,膝关节微弯曲,重心在两脚之间,上身自然直立 45°斜向右前方,双手握拳,拳心相对两臂弯曲,置于胸前,头部直立向前,目视正前方(见图 2-1)。左脚在前叫左势,右脚在前叫右势。

图 2-1　实战姿势

【动作要点】

身体自然,肌肉放松,膝关节松而不懈、富有弹性,心无杂念,以无意为有意。

【易犯错误】

全身肌肉僵硬、过于紧张,膝关节不弯曲、缺乏弹性,重心偏前或偏后,不利于启动。

2.实战站位形式

（1）开式站位

指和对方体前有相应的站位，即自己的身体前面相对对方的身体前面。包括左势对右势和右势对左势两种形式（见图2-2）。

图 2-2　开式站位

图 2-3　闭式站位

（2）闭式站位

指和对方的体前一侧不相对应的站位，即自己的体前对应对方的体后。包括左势对左势和右势对右势两种站位形式（见图2-3）。

（3）不同站位形式的常见攻击方法

◎开式站位攻击腿法：后腿横踢、双飞、后腿推踢、后腿下劈、换步横踢、上步转身后踢、上步转身360°横踢等。

◎闭式站位攻击腿法：垫步下劈、后踢、垫步前腿横踢、360°横踢、冲刺步横踢、换步下劈、垫步推踢、前腿横踢＋后腿横踢、换步横踢、双飞或多飞踢、上步横踢等。

二、前滑步、后滑步

1.前滑步

【动作方法】

以左势实战势开始为例，左脚向前滑进约一脚长距离，右脚蹬地，右脚迅速跟进相同的距离，前脚带动后脚（见图2-4-a）。

【动作要点】

在移动过程中，要尽量减小身体重心的起伏。两脚的滑进与跟进要贴地而行，后脚跟进距离与前脚前滑的距离相同。两脚移动必须连贯、迅速，滑动距离不宜过大。

【作用】

向前接近对手，寻机进攻。

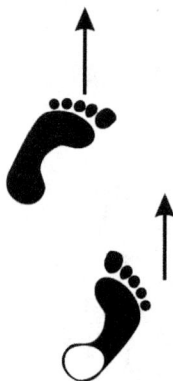

图 2-4-a　前滑步　　　图 2-4-b　后滑步

2.后滑步

【动作方法】

以左势实战势开始为例,右脚向后滑动约一脚长,左脚蹬地,随即左脚向后跟进约一脚长,后脚带动前脚(见图 2-4-b)。

【动作要点】

在移动过程中,要尽量减小身体重心的起伏。两脚的滑进与跟进要贴地而行,后脚跟进距离与前脚前滑的距离相同。两脚移动必须连贯、迅速、滑动距离不宜过大。

【作用】

对手进攻时与对手拉开距离,寻机攻击。

三、上步、撤步

1.上步

【动作方法】

以左势实战势开始为例,以前脚掌为轴,后脚蹬地经前脚内侧向前迈出一步,身体左转,成右势实战势(见图 2-5-a)。

【动作要点】

上步时身体各部位要协调一致,步子大小适中,两脚之间成实战势的距离,动作要轻松快速。运作过程中,重心要保持平稳,两眼注视目标。

【作用】

根据战术需要向前移动并变换实战势,可利用上步接近对手,为攻击做准备。

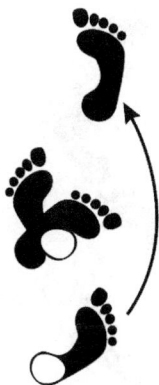

图 2-5-a　上步　　　　　　　　　图 2-5-b　撤步

2.撤步

【动作方法】

以左势实战势开始为例,以右前脚掌为轴,左脚迅速蹬地经右腿内侧向后撤一步,同时身体向左转动 180°(见图 2-5-b)。

【动作要点】

步法移动时重心要平稳,动作要迅速,左脚后撤和身体左转要协调一致,目视前方。

【作用】

根据战术需要变换实战势,与对手拉开距离,为反击作准备。

四、前交叉步、后交叉步

1.前交叉步(又叫冲刺步)

【动作方法】

以左势实战势开始为例,右脚迅速前移落地,紧接着左脚经右脚内侧向前迈一步落地,成左势实战势(见图 2-6-a)。

【动作要点】

整个动作要快速连贯,起动要快速突然,上体自然协调配合,重心平稳,两眼注视目标。完成时控制好身体前冲的惯性,做到急起急停、轻快灵活。

【作用】

向前快速接近对手或追击对手。

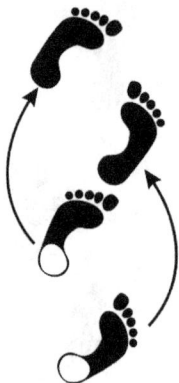

图 2-6-a　前交叉步　　　　　　图 2-6-b　后交叉步

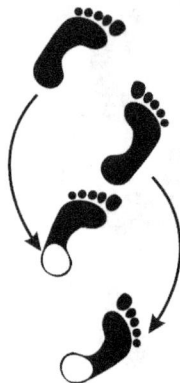

2.后交叉步

【动作方法】

以左势实战势开始为例,左脚迅速后移落地,紧接着右脚经左脚内侧向后撤一步落地,成左势实战势(见图 2-6-b)。

【动作要点】

整个动作要快速连贯,起动要快速,上体自然协调配合,重心平稳,两眼注视目标。完成时控制好身体后移的惯性,做到快起急停、轻快灵活。

【作用】

躲避对手进攻,保持距离反击对手。

第二节　跆拳道基本腿法

跆拳道竞技腿法,脱胎于原始的跆拳道品势技术与防卫格斗技术。在跆拳道众多的腿法技术中,符合跆拳道竞赛规则,在比赛中实用性强、得分率高的腿法被保留了下来,还有许多腿法则失去了在跆拳道赛场存在的意义,逐渐远离赛场。

在几十年的现代跆拳道竞技中,通过教练员和运动员不断总结、不断改进、不断创新,跆拳道竞技比赛的腿法技术逐渐趋于完善。在世界武技中跆拳道独树一帜,为世人所瞩目,被尊称为"踢的艺术""腿技之王"。

竞技跆拳道腿法包括:横踢、后踢、下劈、推踢、后旋踢、勾踢、侧踢、双飞踢、旋风踢、多飞踢、腾空腿法和组合腿法等。在本章和后面两章(第 2～4 章)中将会介绍跆拳道竞技中的各种腿法。

一、前踢

【动作方法】

以左势实战势开始为例,右脚向后蹬地提膝,身体重心前移至左脚;左脚以前脚掌为轴内旋约90°左右,同时,右腿迅速以膝关节为轴伸膝、送髋、顶髋,把小腿快速向前踢出,力达脚尖或前脚掌。踢击目标后右腿迅速弹回,落在前方成右势实战势(见图2-7)。

【动作要点】

◎膝关节上提时大小腿折叠夹紧,直线出腿,膝关节正前方,小腿和踝关节放松,有弹性。

◎踢击时顺势往前送髋,高踢时往上送髋。

【易犯错误】

◎直腿上撩,大小腿没有折叠,膝关节不夹紧。

◎上体后仰过大,失去平衡,支撑腿膝关节弯曲,臀部往下沉。

◎踢击目标时向前用力,与推踢动作混淆。

图 2-7　前踢

二、横踢

【动作方法】

以左势实战势开始为例,右脚蹬地重心移到左脚,随即左脚掌内旋转180°,右脚屈膝上提,髋关节左转,左膝内扣;小腿快速向左前横踢出;击打目标后迅速放松收回小腿。

右脚落地成右势实战势(见图2-8)。

【动作要点】

◎膝关节夹紧,向前提膝,尽量走直线;支撑脚内旋180°左右。

◎髋关节往前送,身体与大小腿成直线,击打的力点在正脚背。

◎踝关节放松,击打的感觉是"鞭梢"快打快收。

横踢攻击的主要部位有头部、胸部、腹部和肋部。

【易犯错误】

◎膝关节没夹紧,提膝不够,大小腿折叠不够。

◎外摆的弧形太大。

◎上身太直、太往前,重心往下落。

◎踝关节不放松,脚内侧击打(应为正脚背),脚背没绷直。

图 2-8 横踢

三、下劈

【动作方法】

以左势实战势开始为例,右脚蹬地,重心前移至左脚。同时,右腿以髋关节为轴屈膝上提膝关节至胸部,右小腿以膝关节为轴向上伸直,将右腿直举于体前,右脚过头,然后放松向下以右脚后跟(或脚掌)为力点劈击后成右势实战势(见图2-9)。

【动作要点】

◎提膝夹紧膝关节抬高至胸口时,小腿伸展,超过目标高时下劈击。

◎脚放松往前落,落地要有控制。

◎起腿要快速、果断,踝关节要放松。

下劈腿的主要攻击部位有头部、脸部和锁骨。

【易犯错误】

◎起腿高度不够,支撑腿弯曲。

◎重心不稳,腿控制不好,落地太重。

◎上身后仰太多,应随重心一起前移,保持直立。

图 2-9　下劈

四、初级组合腿法的运用

两个或两个以上腿法有机连接在一起使用就构成了组合腿法。初级跆拳道的组合腿法一般有:

◎左右横踢。

◎后滑＋横踢＋下劈。

◎横踢＋横踢＋下劈。

◎横踢＋高位横踢(高位横踢攻击目标是头部)。

◎前腿横踢＋下劈。

◎前腿横踢＋横踢。

第三节　修炼品势要点

修炼品势要点包括基本站姿、击、打、刺、踢等。基本站姿在品势中,移动重心不能上下起伏,每次移动时脚底离地面约 2 厘米,旋转时要利用腰部的力量,以前脚掌为轴旋转;击的定义为从始点至终点过程中旋转 180°;打的定义为用手或拳在肘关节弯曲或伸直的情况下利用身体的旋转力来攻击目标。刺与"击"的动作相似,区别在于用手指尖击,比拳攻击的距离长,但因使用指尖受力关节较多,如果使用部位不正确,容易造成脱臼或骨折。

在本章和后面两章(第 2～4 章)中将会介绍跆拳道品势中的各种基本动作要领。

一、站姿

1. 并步

【规定动作】

◎前脚尖向正前方、双脚并拢。

◎双腿膝关节伸直(见图 2-10)。

图 2-10　并步　　　　　　图 2-11　并排步

【扣分事项】

◎双脚尖没有并拢时。

◎双腿膝关节弯曲时。

2.并排步

【规定动作】

◎脚内侧平行、前脚尖向正前方。

◎双脚内侧间隔为一脚长的宽度。

◎双腿膝关节伸直(见图 2-11)。

【扣分事项】

◎两脚尖向里或向外时。

◎双脚内侧过宽或过窄时。

◎膝关节弯曲时。

3.马步

【规定动作】

◎双脚间宽度为两脚长距离,内侧平行。

◎两腿膝盖弯曲,膝关节向正前方。

◎上体中正,双膝弯曲,低头向下看时膝关节和脚尖在一条直线上。

◎膝盖扣紧,不能向外(见图 2-12)。

【扣分事项】

◎膝关节过多向外或向内时。

◎双脚尖过多向外或向内时。

◎上身向前倾斜或臀部过于向后时。

4.走步

【规定动作】

◎自然走步停顿时的动作。

◎双腿伸直,重心均匀分布在两脚上。

◎前脚尖向正前方,后脚尖与正前方自然形成30°。

◎前后脚的距离为三脚长(见图 2-13)。

【扣分事项】

◎前脚尖向左或向右时。

◎两脚相距过宽或过窄时。

◎上身向前或向后倾斜时。

◎后脚尖角度大于 30°时。

图 2-12　马步　　　　图 2-13　走步　　　　图 2-14　弓步

5.弓步

【规定动作】

◎前后脚相距从后脚脚跟后起算约为四脚半长左右的距离,两脚掌内侧间的平行间隔为一拳的距离。

◎前脚尖向正前方。前膝关节弯曲,低头向下看时,膝关节和脚尖在一条直线上。

◎上体中正,后脚尖与正前方形成 30°角,后腿膝关节伸直,重心的 2/3 放在前腿(见图 2-14)。

【扣分事项】

◎后脚跟抬起或后膝关节弯曲时。

◎后脚尖与正前方大于 30°时。

◎重心的 2/3 没有放在前腿时。

◎前后脚的距离过多或过少时。

二、手法

1.下格挡

【起始动作】

◎辅助手臂伸直与胸口同高,拳心向下。

◎格挡手臂放松弯曲放在辅助手臂一侧的肩部,拳心向脸部。

【规定动作】

◎左右格挡的拳与左右大腿的距离为一立掌。

◎格挡手臂在大腿的正前方,拳心向大腿,腕关节伸直。

◎辅助拳放在髋关节上,手臂向后夹紧(见图 2-15)。

【扣分事项】

◎格挡的拳起点没从肩开始或拳心向外时。

◎动作过程双手交叉或辅助手没有伸直时。

◎格挡的手臂没有伸直时。

◎格挡的拳在大腿两侧时。

图 2-15　下格挡　　　　　图 2-16　中位内格挡

2.中位内格挡

【起始动作】

◎拳握紧,拳心向外,肘关节放松下垂;

◎高度的范围是肩部或耳根。

【规定动作】

◎格挡的拳需到身体的中心线。

◎格挡手臂的角度在 $90°\sim120°$。

◎格挡拳的高度与肩膀平行。

◎辅助拳放在髋关节上,手臂向后夹紧(见图 2-16)。

【扣分事项】

◎格挡的拳没有到身体的中心线时。

◎格挡拳的高度比肩部高或低时。

◎格挡手臂的肘关节向外翘起时。

◎格挡手臂的腕关节没有伸直时。

3.上格挡

【起始动作】

◎左上格挡时,左臂放在髋关节处,拳心向上。

◎辅助的右臂弯曲放在左肩部,拳心向外。

【规定动作】

◎格挡手臂的腕部到人体中心线。

◎格挡手臂与前额为一拳距离。

◎格挡完成后格挡的手臂形成45°。

◎辅助拳放在髋关节上,手臂向后夹紧(见图2-17)。

【扣分事项】

◎格挡手臂的肘关节不在人体中心线时(过前或过后,过高或过低)。

◎起始动作过于夸张时(动作过大或过小时)。

◎动作完成后格挡手臂的角度不准确时。

图2-17　上格挡

图2-18　直拳

4. 直拳

【规定动作】

◎冲拳时,冲拳手到心窝位置,即低于肩膀一拳。

◎手臂伸直。

◎辅助拳放在髋关节上,手臂向后夹紧(见图 2-18)。

【扣分事项】

◎冲拳的手腕关节没有伸直时。

◎利用反作用力出拳,动作幅度过大或过小。

◎冲拳手臂的腕关节没有伸直时。

【直拳分类】

◎以攻击方法分类:直拳攻击、反拳攻击、立拳攻击。

◎以攻击目标分类:上、中、下段攻击。

◎以攻击方向分类:侧拳、锤拳、旋转拳、勾拳。

第四节　品势套路

品势讲究的是动作、心理、气势、精神和对实战每招每式更深入的揣摩和意义的升华,它其实与中国的太极八卦融会贯通,最终领悟的是肉体、神经与天地万物相融的最高境界。

在本章和后面两章(第 2～4 章)中将会介绍跆拳道品势中的太极一章至太极八章。

一、太极一章(乾)

太极一章的含义是八卦中的"乾",指天、父(阳),"乾"象征着万物的根源,意味着初始,因此是跆拳道品势当中的第一套品势。其特点是以站势和简单的走步为主,动作由下格挡、中内格挡、上格挡、直拳、前踢这些基础动作组成,适合跆拳道八级修炼者练习。

【重要提示】

左右移动或旋转时,以前脚掌为轴,上格挡前踢与直拳要同步进行,弓步移动的路线是直线。

太极一章的进行线路最终形成一个"王"字,从起点开始,最终回到起点共 18 个动作(见图 2-19)。

方向B

方向
D1

(4)　　　　　　(3)　　　　　准备　　　　　(1)　　　　　(2)

方向
C1

(5)

(6)　　　　　(18)

方向
D2

(8)　　　　　(7)

方向
C2

(9)　　　　　(10)

(11)

(17)

(12)

方向
D3

(16)-2　　(16)-1　　(15)　　　　　(13)　　(14)-1　　(14)-2

方向
C3

方向A

(17)　　　　　　　　　　(18)

侧视图

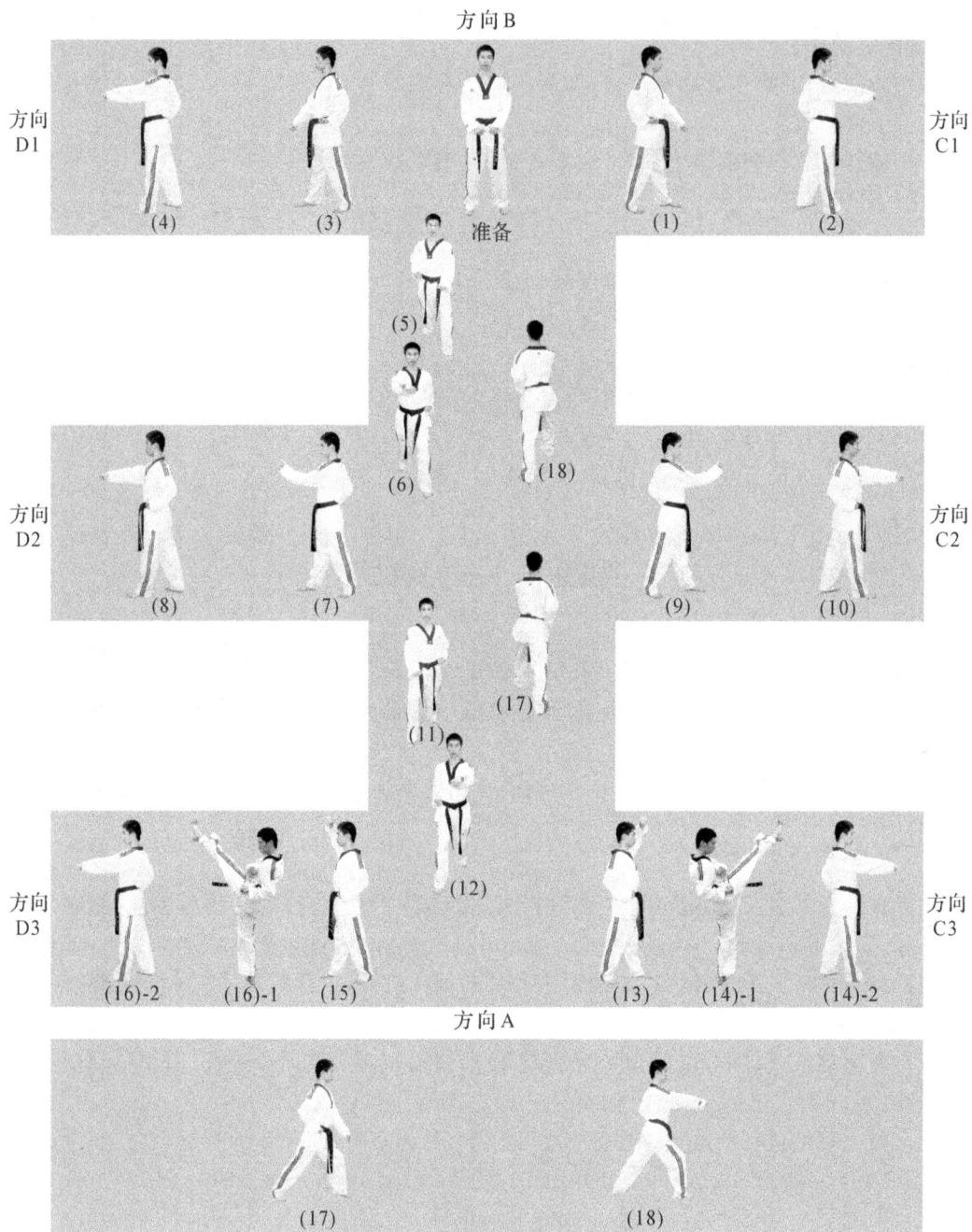

图 2-19　太极一章品势线路图

表 2-1

顺 序	视 线	方 向	步法名称	移位及踢击动作说明	手部名称或动作说明
准备	A	A	并排步		基本准备势
1	C1	C1	左走步	上步	左下格挡
2	C1	C1	右走步	上步	中位右手直拳
3	D1	D1	右走步	向后转	右下格挡
4	D1	D1	左走步	上步	中位左手直拳
5	A	A	左弓步	转身	左下格挡
6	A	A	左弓步	步法不变	中位右手直拳
7	D2	D2	右走步	移动步法	中位左内格挡
8	D2	D2	左走步	上步	中位右手直拳
9	C2	C2	左走步	向后转	中位右内格挡
10	C2	C2	右走步	上步	中位左手直拳
11	A	A	右弓步	转身	右下格挡
12	A	A	右弓步	步法不变	中位右手直拳
13	C3	C3	左走步	移动步法	左上格挡
14	C3	C3	右走步	右脚前踢向前落地	中位右手直拳
15	D3	D3	右走步	向后转	右上格挡
16	D3	D3	左走步	左脚前踢向前落地	中位右手直拳
17	B	B	左弓步	移动步法	左下格挡
18	B	B	右弓步	上步	中位右手直拳并配合发声
结束	A	A	并排步	以右脚为轴向后转身	基本准备势

表 2-2　太极一章判分标准

运动名称	站 势	规定动作	扣分事项
下格挡	弓步	• 左右格挡的拳与左右大腿的距离为一立掌。 • 辅助拳放在髋关节上,手臂向后夹紧。 • 弓步的前后腿相距四脚半距离。 • 弓步的两脚掌内侧间的平行间隔为一拳的距离。	• 格挡的拳起点没从肩开始或拳心向外时。 • 动作过程双手交叉或辅助手臂没有伸直时。 • 格挡的手臂没有伸直时。 • 格挡的手在大腿部两侧时。 • 弓步的距离过宽或过窄时。

续表

运动名称	站 势	规定动作	扣分事项
中格挡	走步	• 格挡的拳需到身体的中心线。 • 格挡手臂的角度为 90°～120°。 • 格挡拳的高度与肩膀平行。 • 身体中正,肩部与正前方自然形成 30°角。 • 走步的距离是前后间隔一脚距离。	• 格挡的拳没有到人体的中心线时。 • 格挡拳的高度比肩部高或低时。 • 格挡手臂的肘关节向外翘起时。 • 格挡臂的腕关节没有伸直时。 • 走步的距离过宽或过窄时。
上格挡	走步	• 格挡手臂的腕部到人体中心线。 • 格挡手臂与前额为一拳距离。 • 辅助拳放在髋关节上,手臂向后夹紧。	• 格挡手臂腕部不在人体中心线时。 • 起始动作过于夸张时。 • 走步的距离过宽或过窄时。
前踢＋直拳	走步	• 前踢的小腿放松夹紧,直线出腿,膝关节向正前方。 • 前踢时,双拳抬起放在胸口,身体中正,支撑腿伸直。 • 前踢腿法完成后迅速收腿成走步。 • 直拳高度与胸口同高。	• 前踢时支撑腿弯曲时。 • 走步的距离过宽或过窄时。

二、太极二章(兑)

太极二章的含义是八卦中的"兑",指外柔内刚。修炼太极二章可以完成基本挡和踢的动作。新的动作包括上位直拳和前踢。修炼太极二章是以进一步锻炼身体协调性为目标,特别是对身体重心的起伏有较为严格的要求。适合跆拳道七级修炼者练习。

【重要提示】

前踢与直拳要同步进行,中内格挡左右各一次时,以前脚掌为轴旋转。

太极二章的进行线路最终形成一个"王"字,从起点开始,最终回到起点,共 18 个动作(见图 2-20)。

方向B

方向
D1

方向
C1

(4)　(3)　准备　(1)　(2)

(5)

(18)-2

(18)-1

方向
D2

方向
C2

(10)-2　(10)-1　(9)　(6)　(17)-2　(17)-1　(7)　(8)-1　(8)-2

(11)　(16)-2

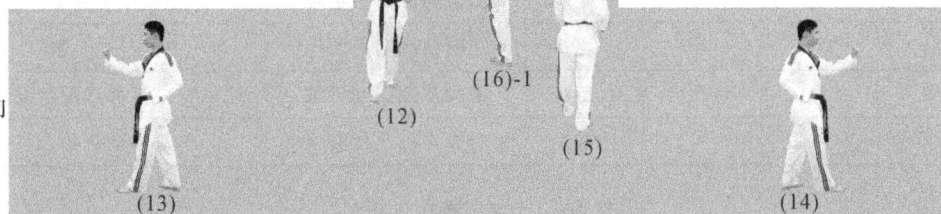

方向
D3

方向
C3

(12)　(16)-1

(13)　(15)　(14)

方向A

(15)　(16)-1　(16)-2　(17)-1　(17)-2　(18)-1　(18)-2

侧视图

图 2-20　太极二章品势线路图

表 2-3

顺 序	视 线	方 向	步法名称	移位及踢击动作说明	手部名称或动作说明
准备	A	A	并排步		基本准备势
1	C1	C1	左走步	上步	左下格挡
2	C1	C1	右弓步	上步	中位右手直拳
3	D1	D1	右走步	向后转	右下格挡
4	D1	D1	左弓步	上步	中位左手直拳
5	A	A	左走步	转身	中位内格挡
6	A	A	右走步	上步	中位内格挡
7	C2	C2	左走步	移动步法	左下格挡
8	C2	C2	右弓步	右脚前踢向前落地	上位右手直拳
9	D2	D2	右走步	向后转	右下格挡
10	D2	D2	左弓步	左脚前踢向前落地	上位左手直拳
11	A	A	左走步	转身	左上格挡
12	A	A	右走步	上步	右上格挡
13	D3	D3	左走步	转身	右中位内格挡
14	C3	C3	右走步	两脚转换方向	左中位内格挡
15	B	B	左走步	移动步法	左下格挡
16	B	B	右走步	右脚前踢向前落地	中位右手直拳
17	B	B	左走步	左脚前踢向前落地	中位左手直拳
18	B	B	右走步	右脚前踢向前落地	中位右手直拳并配合发声
结束	A	A	并排步	右脚为轴向后转身	基本准备势

表 2-4　太极二章判分标准

运动名称	站 势	规定动作	扣分事项
前踢＋上位直拳	弓步	• 前踢的小腿放松夹紧,直线出腿,膝关节向正前方。 • 前踢时,双拳抬起放在胸口,身体中正,支撑腿伸直。 • 前踢腿法完成后迅速收腿成弓步。 • 直拳高度与人中同高。	• 前踢时支撑腿弯曲时。 • 上位直拳时过高或过低时。 • 弓步的距离过宽过窄时。

续表

运动名称	站　势	规定动作	扣分事项
直拳	弓步	• 直拳的高度与胸口同高。 • 弓步的前后腿相距四脚半距离。 • 左右脚的横向宽度是一拳距离。	• 直拳比胸口高或低时。 • 弓步的距离过宽或过窄时。

✦ 知识拓展

跆拳道道带颜色的象征意义

◎白带:白色代表纯洁,练习者没有任何跆拳道知识和基础,一切从零开始。

◎白黄带:练习者经过一段时间的训练,已经了解跆拳道的基本知识并学会一些基本技术,开始由白带向黄带过渡。

◎黄带:黄色是大地的颜色,就像植物在泥土中生根发芽一样,在此阶段要打好基础,并学习大地厚德载物的精神。

◎黄绿带:介于黄带与绿带之间的水平,练习者的技术在不断上升。

◎绿带:绿色是植物的颜色,代表练习者的跆拳道技术开始"枝繁叶茂",跆拳道技术在不断完善。

◎绿蓝带:由绿带向蓝带的过渡带,练习者的水平处于绿带与蓝带之间。

◎蓝带:蓝色是天空的颜色,随着不断的训练,练习者的跆拳道技术逐渐成熟,就像大树一样向着天空生长,练习跆拳道已经完全入门。

◎蓝红带:练习者的水平比蓝带略高,比红带略低,介于蓝带与红带之间。

◎红带:红色是危险、警戒的颜色,练习者已经具备相当的攻击能力,对对手已构成威胁,要注意自我修养和控制。

◎红黑带:经过长时间系统的训练,练习者已修完从 10 级至 1 级的全部课程,开始由红带向黑带过渡。

◎黑带:黑色代表练习者经过长期艰苦的磨炼,其技术动作与思想修为均已相当成熟,也象征跆拳道黑带不受黑暗与恐惧的影响。

第三章　跆拳道中级篇

　　跆拳道攻击方法中占主导地位的是腿法,腿的技法有很多种形式,可高可低、可近可远、可左可右、可直可屈、可转可旋,威胁力极大,是实用制敌的有效方法。其次是手法,手臂的灵活性好,可以自如地控制完成防守和进攻动作,同时也可变化为拳、掌、肘、肩的多种用法进行实战。在竞赛规则之外的跆拳道实战中,亦用作进攻的武器;或在防守战中,人体的一些主要关节部位亦可以用作进攻的武器,或防守的盾,这是跆拳道技术的本质。人体的手、肘、膝、脚等关节部位,是跆拳道实战中最常用、最有效的击打武器。

　　本章结合基础篇进一步了解更高级的步法、腿法、手法等,基本步法中介绍了带步、垫步侧移步、弧形步;腿法中介绍了推踢、后踢、侧踢、双飞及组合腿法;品势基本式站姿中介绍了三七步、左右站姿;品势基本式手法中介绍了中位外格挡、单手刀中位外格挡、直拳侧击、掌肘对击、旋肘前击、平手尖刺双手刀中位格挡、燕子手刀颈部攻击;品势套路介绍了太极三章、四章、五章。这些内容大约是六级至三级要掌握的知识点。

第一节　跆拳道基本步法(中)

一、带步

【动作方法】

　　以左势实战势开始为例,前脚提起,身体重心前移,同时右脚蹬地沿着地面前移,然后两脚落地成左势实战势(见图3-1)。

【动作要点】

　　前脚提起的同时,后脚要迅速蹬地向前移动,全身要协调配合。后脚不要跳得过高,整个动作要连贯协调、快速完成(注:如后腿横踢时,支撑脚跟进一步追击目标也属于带步)。

【作用】

◎调整距离,接近对手。

◎可以作为假动作使用。

◎利用跳步结合腿法追击对手。

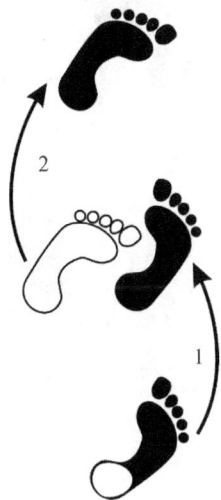　　　　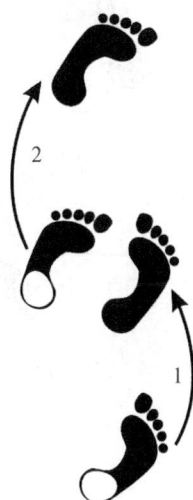

图 3-1　带步　　　　　　　图 3-2　垫步

二、垫步

【动作方法】

以左势实战势开始为例,身体重心前移,双脚蹬地,右脚向左脚并拢,在右脚落地同时左脚向前迈出一步,成左势实战势(见图 3-2)。

【作用】

◎快速反应,接近对手。

◎前脚不落地,可直接用推踢、横踢和下劈等腿法攻击对手。

三、左侧移步

【动作方法】

以左势实战势开始为例,左脚向左横移约一脚距离,随即重心左移,右脚向左横移一脚距离,迅速恢复成左势实战势(见图 3-3)。

【动作要点】

◎身体重心和身体移动要和步法协调配合。

◎两脚移动要迅速,两脚贴地而行。

【作用】

◎闪开对手正面直线进攻。

◎改变与对手的对峙角度。

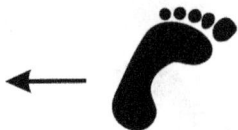 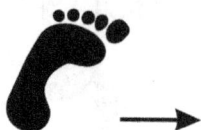

图 3-3　左侧移步　　　　　　　　图 3-4　右侧移步

四、右侧移步

【动作方法】

以左势实战势开始为例,身体重心右移,左脚蹬地,同时右脚向右侧横移约一脚,左脚迅速向右侧横移约一脚,迅速恢复成左势实战势(见图 3-4)。

【动作要点】

◎身体重心的移动必须要和脚的移动配合协调。

◎移动距离要适当,重心起伏不能过大,两脚的移动必须连贯迅速不能脱节。

【作用】

◎改变与对手的对峙角度。

◎闪开对手垂直方向的进攻。

【动作要点】

◎身体上下协调,重心起伏不要过大,整个动作要迅速连贯。

五、弧形步

【动作方法】

以左势实战势开始为例,以左脚前脚掌为轴,右脚向右后弧形移动,同时身体左转90°,右脚落地成左势实战势(见图 3-5)。

【动作要点】

左脚移动与身体要协调配合,上体沿纵轴转动。

【作用】

◎改变与对手的对峙角度。

◎闪开对手的进攻。

注:实战中,对手身高比较高时,用弧形步躲闪较为实用。

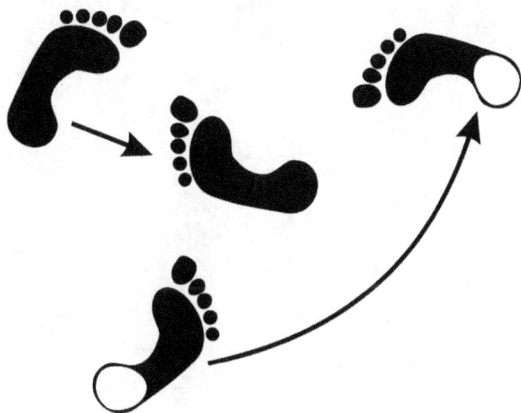

图 3-5　弧形步

第二节　跆拳道腿法(中)

一、推踢

【动作方法】

以左势实战势开始为例,右脚蹬地,重心前移,右脚以髋关节为轴提膝前蹬,用右脚脚掌向前蹬推,力点在脚掌,推力向正前方(见图 3-6)。

【动作要点】

◎提膝后尽量收紧膝关节;重心往前移,利用身体的重量为力量。

◎推的时候腿往前伸展、送髋。

◎推的路线水平往前。

推踢的攻击目标是腹部,随着竞技比赛规则的改变及电子护具的使用,推踢的运用和得分率有了很大提升。

【易犯错误】

◎收腿不紧,直腿起,容易被阻截。

◎上身太直重心往下落,腿不能水平前推。

◎上身过于后仰,重心不能前移,不利于衔接下一个技术。

图 3-6　推踢

二、后踢

【动作方法】

以左势实战势开始为例，以左脚掌为轴，脚后跟外旋 135°左右瞄准对手，同时身体右后转体背对对手，两手握拳置于胸前，用眼睛余光瞄准目标，身体重心移至左脚，右腿夹腿提膝贴紧支撑脚；右脚向后方目标直线踹出，力达脚跟，迅速落下成右势实战势（见图 3-7）。

图 3-7　后踢

【动作要点】

◎在标准的准备姿势下，后腿的小腿放松夹紧，支撑腿膝关节伸直。

◎踢腿的脚内侧擦着支撑腿膝关节内侧直线出腿。

◎转身(依次为头、肩、跨)、提膝、出腿一次性完成,不能停顿。

◎击打目标在正前方稍偏另一侧。

【易犯错误】

◎上身,大小腿不折叠,直腿往上撩。

◎转身,踢腿有停顿,不连贯。

◎击打成弧线,旋转发力。

◎转肩,上身跟着旋转,容易被反击。

三、侧踢

【动作方法】

以左势实战势开始为例,以左脚掌为轴内旋 180°左右,重心移至左脚,两手握拳置于胸前;同时右脚以髋关节为轴屈膝上提成脚刀,迅速伸膝、送髋、顶髋,把小腿快速向前蹬出,力达脚跟。蹬击目标后右腿迅速放松弹回,落在前方成右势实战势(见图 3-8)。

图 3-8　侧踢

【动作要点】

◎在标准的准备姿势下,后腿的小腿放松夹紧,直线出腿。

◎身体中正,支撑腿伸直。

◎踢腿时脚后跟、髋关节、肩部、视线在同一平面上。

◎侧踢时双拳放在胸口处。

侧踢主要攻击对方两肋部、胸腹部。侧踢实战意义是阻击腿法,其实在实战中并不常用,因为其作为一种防御性腿法,阻击并不到位。

【易犯错误】

◎身体失去平衡,向左或向右倾斜。

◎臀部向外或向内时,支撑腿弯曲。

◎脚后跟、髋关节、肩部、视线不在同一平面上。

四、双飞

【动作方法】

以左势实战势开始为例,右腿横踢还没落地时,左脚快速蹬地起腿转髋略腾空水平往前起左腿横踢,左脚横踢目标后迅速前落,成左势实战势(见图 3-9)。

图 3-9 双飞

【动作要点】

◎右腿横踢目标的同时,左脚蹬地起跳转髋。

◎左脚起跳后迅速随身体右转横踢目标。

◎两腿在空中交换。

【易犯错误】

◎右横踢和左脚起跳时机不合适,过早或过晚。

◎腾空高度过高,重心没往前移。

◎转髋不够,导致踢腿时像前踢。

◎右横踢和左横踢之间间隔过长,速度不够快。

五、组合腿法

在跆拳道比赛中,对抗激烈,场上情况瞬息万变,必须在战术意识的指导下,将良好的身体素质和具有独特风格的战术体系相互配合才能取得比赛最后的胜利。本章重点练习的组合腿法有:

◎左右横踢。

◎横踢＋双飞。

◎横踢＋横踢＋后踢。

◎双飞＋高位横踢(高位横踢攻击目标是头部)。

◎前腿横踢＋双飞。

◎后踢＋横踢＋双飞。

第三节　修炼品势要点(中)

一、站姿

1. 三七步

【规定动作】

◎双脚跟并拢时脚内侧形成90°。

◎前后脚距离为三脚长。

◎重心70％放在后腿,30％放在前腿(见图 3-10)。

【扣分事项】

◎双脚跟并拢时,脚尖没能形成90°时。

◎上身的重心过于向前或向后倾斜时。

◎前脚跟离开地面时。

◎前后脚之间的距离过多或过少时。

2. 左右站姿(丁字步)

【规定动作】

◎在准备姿势的标准动作下,把左脚或右脚向外转动90°。

◎动作完成后脚内侧形成90°(见图 3-11)。

【扣分事项】

◎跟准备姿势相同时。

◎双脚并拢时。

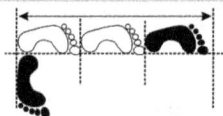

图 3-10　三七步　　　　　图 3-11　左右站姿

二、手法

1.中位外格挡

【起始动作】

◎左手中位格挡时,左臂弯曲并放在左髋关节处,拳心向上。

◎辅助手臂弯曲并放在左肩部,拳心向外。

【规定动作】

◎格挡的拳心向外,拳与肩同高。

◎格挡手臂的角度为 90°～120°。

◎格挡时,格挡手臂的拳经过肩部。

◎辅助拳放在髋关节上,手臂向后夹紧(见图 3-12)。

【扣分事项】

◎格挡的拳没有与肩膀同高时。

◎格挡的拳在肩膀线以外或以内时(动作过大或过小时)。

2.单手刀中位外格挡

【起始动作】

◎左侧手刀格挡时,左手刀放在右髋关节处,腕部伸直,掌心向上。

◎辅助的右臂弯曲握拳放在左肩部,拳心向外。

图 3-12　中位外格挡　　　　　　　图 3-13　单手刀中位外格挡

【规定动作】

◎格挡的手掌向外,手刀位置与肩膀线平行。

◎格挡手臂的角度为 $90°\sim120°$。

◎辅助拳放在髋关节上,手臂向后夹紧(见图 3-13)。

【扣分事项】

◎格挡的手刀高于或低于肩膀线的高度时。

◎格挡手臂腕关节弯曲时。

◎格挡的手臂肘关节向外翘起时。

3. 双手刀中位格挡

【起始动作】

◎右侧手刀格挡时,右手放在左髋关节处,掌心向上。

◎辅助的左臂展开 $120°$,手尖与肩部同高,掌心向外,腕部伸直。

【动作规定】

◎格挡手臂的掌心向外,腕部伸直。

◎格挡的手臂的角度为 $90°\sim120°$。

◎格挡的手尖与肩部同高。

◎格挡的手刀经过右肩部。

◎辅助手臂的掌心向上与胸口同高,与身体相隔为一立掌距离(见图 3-14)。

【扣分事项】

◎格挡的手刀从髋关节直接格挡时。

◎辅助手刀起始动作比肩部高或低时。

◎格挡手刀的手尖比肩部高或低时。

◎双臂肘关节向外翘起时。

图 3-14　双手刀中位格挡

图 3-15　燕子手刀颈部攻击

4.燕子手刀颈部攻击

【起始动作】

◎左手刀从右髋关节处向上移动。

◎右手刀从肩部向前移动。

【规定动作】

◎左侧格挡时,格挡的手臂与额头距一拳距离,腕部伸直。

◎攻击的手刀与颈部同高,肩部向左 45°角(见图 3-15)。

【扣分事项】

◎格挡手臂的腕部弯曲时。

◎格挡手臂与额头相距过远或过近时。

◎格挡完成后肩部保持水平时。

◎攻击的手刀比颈部过高或过低时。

5.单手刀上位斜外格挡

【起始动作】

◎右侧单手刀上位斜外格挡时,右手刀从左髋关节处向上移动。

◎左臂弯曲与右肩部同高,掌心向外。

【规定动作】

◎格挡手刀的腕部伸直,高度与头部同高,肘关节轻微弯曲然后交叉格挡。

◎身体向正前方形成45°角(见图3-16)。

【扣分事项】

◎格挡时用单手刀格挡或肘关节向外翘起时。

◎格挡后肩部的角度过大或过小时。

◎肘关节伸直或腕关节弯曲时。

肩部向左自然形成45°角

图 3-16　单手刀上位斜外格挡

图 3-17　旋肘前击

6.旋肘前击

【起始动作】

◎攻击手臂的拳从髋关节开始,拳心向上。

◎辅助手臂放松伸直。

【动作规定】

◎攻击路线是斜上45°角,肘击打部位的高度是下颌。

◎动作完成后,辅助手为掌,攻击手为拳置于胸前,拳心向下(见图3-17)。

【扣分事项】

◎起点从胸口开始。

◎格挡完成后高度不准时。

7.平手尖刺击

【动作规定】

◎从髋关节开始刺击,攻击部位是胸口。

◎动作完成后,腕部伸直手掌立起。

◎身体中正,辅助的手背放在进攻手臂的肘关节下,掌心向下(见图3-18)。

【扣分事项】

◎攻击从胸口开始时,动作完成后高度不准确时。

◎动作完成后,身体的重心向前倾斜时。

◎动作完成后,腕部或手掌向下或向上时。

图 3-18　平手尖刺击　　　　　　图 3-19　直拳侧击

8. 直拳侧击

【规定动作】

◎攻击的部位是胸口。

◎攻击的路线是从髋关节到心胸旋转攻击。

◎动作完成后侧击的高度与胸口同高(见图3-19)。

【扣分事项】

◎击打时肘关节翘时。

◎直拳侧击的路线不准确时。

◎动作完成后攻击部位、高度不准确时。

◎上身向进攻方向倾斜时。

9. 掌肘对击

【动作规定】

◎击打部位的高度是胸口,击打手臂的拳心向下。

◎动作完成后击打的肘关节与辅助手臂、掌心对齐。

◎肩部向进攻方向自然形成45°角(见图3-20)。

【扣分事项】

◎动作完成后高度不准时。

◎攻击手的手臂向外抬起时。

◎击打时肘关节上下移动时。

◎动作完成后,肘部过大或过小时。

图 3-20　掌肘对击

第四节　品势套路

一、太极三章(離)

太极三章的含义是八卦中的"離",指火、热情与光明。通过修炼培养人的正气和修炼欲望。新动作有单手刀颈部攻击、单手刀中外格挡。新的站姿是三七步,技术特点是连续两次直拳然后迅速格挡对方的进攻。适合跆拳道六级修炼者练习。

【重要提示】

三七步时前脚尖与后脚跟相距为三脚距离。单手刀中外格挡时,格挡的手刀从髋关节经过肩部后格挡。在单手刀颈部攻击起始动作时,辅助手臂放松伸直,与胸口同高,拳心向下,攻击手臂的掌心向外,手尖与耳部同高。前踢后,两次直拳要同步进行。

太极三章的进行线路最终形成一个"王"字,从起点开始,最终回到起点,共20个动作。

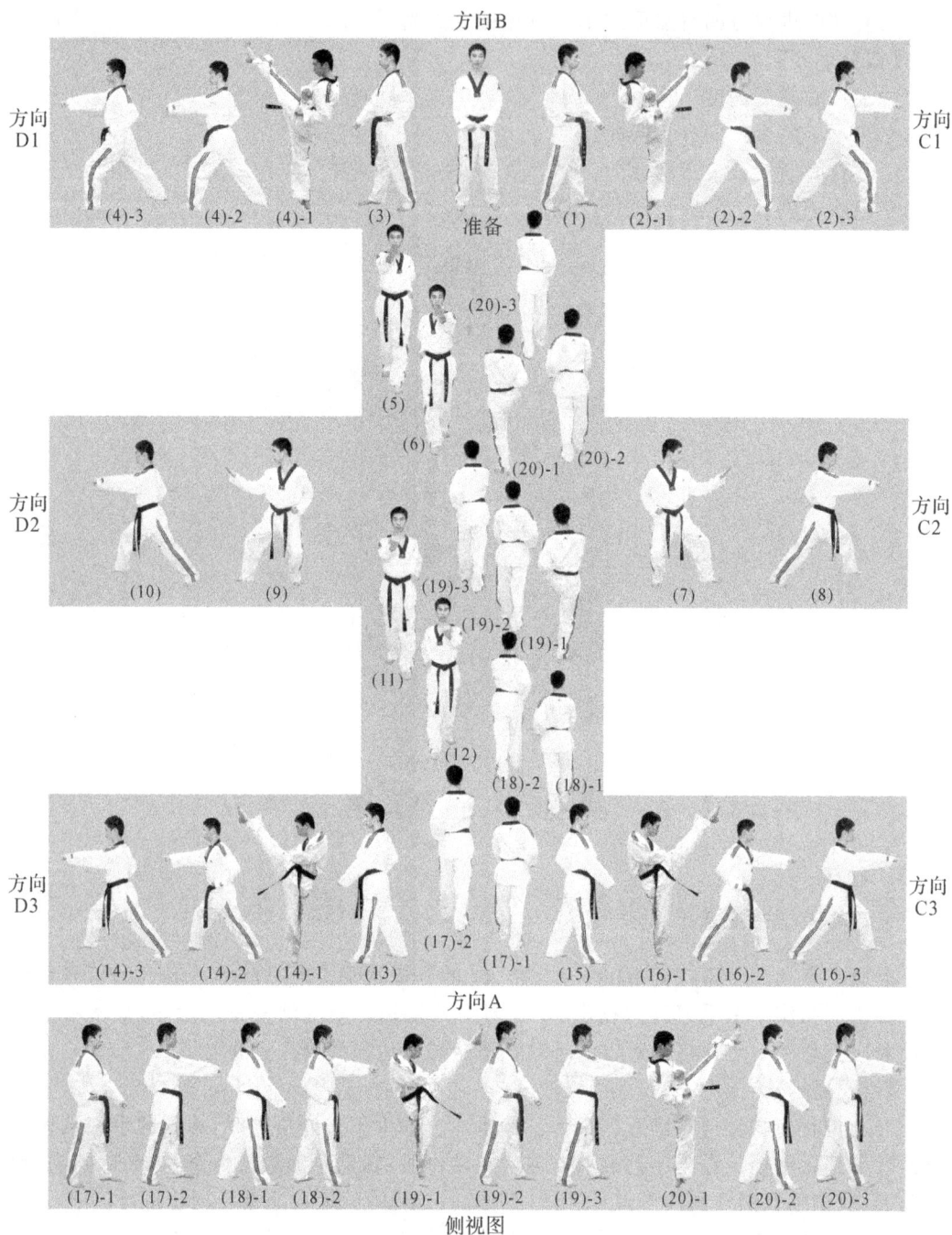

方向B

方向D1

方向C1

(4)-3　(4)-2　(4)-1　(3)　准备　(1)　(2)-1　(2)-2　(2)-3

(20)-3

(5)

(6)

(20)-1　(20)-2

方向D2

方向C2

(10)　(9)　(19)-3　(7)　(8)

(19)-2

(11)　(19)-1

(12)

(18)-2　(18)-1

方向D3

方向C3

(14)-3　(14)-2　(14)-1　(13)　(17)-1　(15)　(16)-1　(16)-2　(16)-3

(17)-2

方向A

(17)-1　(17)-2　(18)-1　(18)-2　(19)-1　(19)-2　(19)-3　(20)-1　(20)-2　(20)-3

侧视图

图 3-21　太极三章品势线路图

表 3-1　太极三章品势线路

顺 序	视 线	方 向	步法名称	移位及踢击动作说明	手部名称或动作说明
准备	A	A	并排步		基本准备势
1	C1	C1	左走步	上步	左下格挡
2	C1	C1	右弓步	右脚前踢向前落地	中位两次直拳
3	D1	D1	右走步	向后转	右下格挡
4	D1	D1	左弓步	左脚前踢向前落地	中位两次直拳
5	A	A	左走步	转身	右单手刀颈部攻击
6	A	A	右走步	上步	左单手刀颈部攻击
7	C2	C2	右三七步	左脚移步	左单手刀外格挡
8	C2	C2	左弓步	左脚向前移步	中位右手直拳
9	D2	D2	左三七步	右脚移步	右单手刀外格挡
10	D2	D2	右弓步	右脚向前移步	中位左手直拳
11	A	A	左走步	移动步法	右中位内格挡
12	A	A	右走步	上步	左中位内格挡
13	D3	D3	左走步	转身	左下格挡
14	D3	D3	右弓步	右脚前踢向前落地	中位两次直拳
15	C3	C3	右走步	向后转	右下格挡
16	C3	C3	左弓步	左脚前踢向前落地	中位两次直拳
17	B	B	左走步	转身左下格挡	中位右手直拳
18	B	B	右走步	右脚上步右下格挡	中位左手直拳
19	B	B	左走步	左脚前踢向前落地、左下格挡	中位右手直拳
20	B	B	右走步	右脚前踢向前落地、右下格挡	中位左手直拳并配合发声
结束	A	A	并排步	右脚为轴向后转身	基本准备势

表 3-2　太极三章判分标准

运动名称	站　势	规定动作	扣分事项
两次直拳	弓步	• 直拳高度与胸口同高 • 两次直拳同时进行 • 弓步的前后脚相距四脚半距离 • 左右的横向宽度是一拳距离	• 直拳比胸口高或低时 • 两次直拳,分开进行时 • 弓步的距离过宽或过窄时 • 攻击的拳伸直同时前踢时
单手刀颈部攻击	走步	• 起始动作掌心向外与颈部同高,肘关节放松下垂 • 走步的距离是前后间隔一脚距离	• 起点时肘关节向外翘起时 • 动作完成后肘关节弯曲时 • 走步的距离过窄或过宽时 • 攻击的目标不准时
单手刀中位外格挡	三七步	• 起始动作从髋关节开始掌心向上,手臂经过肩部 • 三七步前后脚的距离为三脚长距离	• 起点动作从腕关节开始时 • 步法的距离过宽或过窄时 • 步法的距离左右交叉时 • 后腿膝关节向内或脚尖向外时

二、太极四章(震)

太极四章的含义是八卦中的"震",指雷、威严和力量。太极四章中上位的技术动作和准备实战前的各种动作及站姿比较多。新的动作包括手刀格挡、燕子手刀颈部攻击、平手尖刺击、中外格挡、背拳前击,腿法是侧踢等,适合跆拳道五级修炼者练习。

【注意事项】

重心的移动不能起伏过大。背拳前击时,拳从辅助手臂的内侧向外击出。燕子手刀颈部攻击时,肩部向左转 45°。两次侧踢时,双拳放在胸口,侧踢两次当中,第一个侧踢动作完成后形成走步,然后完成下一个侧踢。

太极四章的进行线路最终形成一个"王"字,从起点开始,最终回到起点,共 20 个动作。

方向B

方向
D1

方向
C1

(4)　　　　　(3)　　　　　准备　　　　　(1)　　　　　(2)

(20)-3

(5)　　　　(20)-2

(20)-1

方向
D2

方向
C2

(6)-1　　(19)-3

(6)-2　　(19)-2

(16)　　　　(15)　　　　(19)-1　　　(17)　　　　(18)

(14)-2

(7)

(8)-1

(8)-2　　　(14)-1

方向
D3

方向
C3

(10)-2　　(10)-1　　(9)　　(8)-2　　(13)　　(11)　　(12)-1　　(12)-2

方向A

(13)　　(14)-1　　(14)-2　　(19)-1　　(19)-2　　(19)-3　　(20)-1　　(20)-2　　(20)-3

侧视图

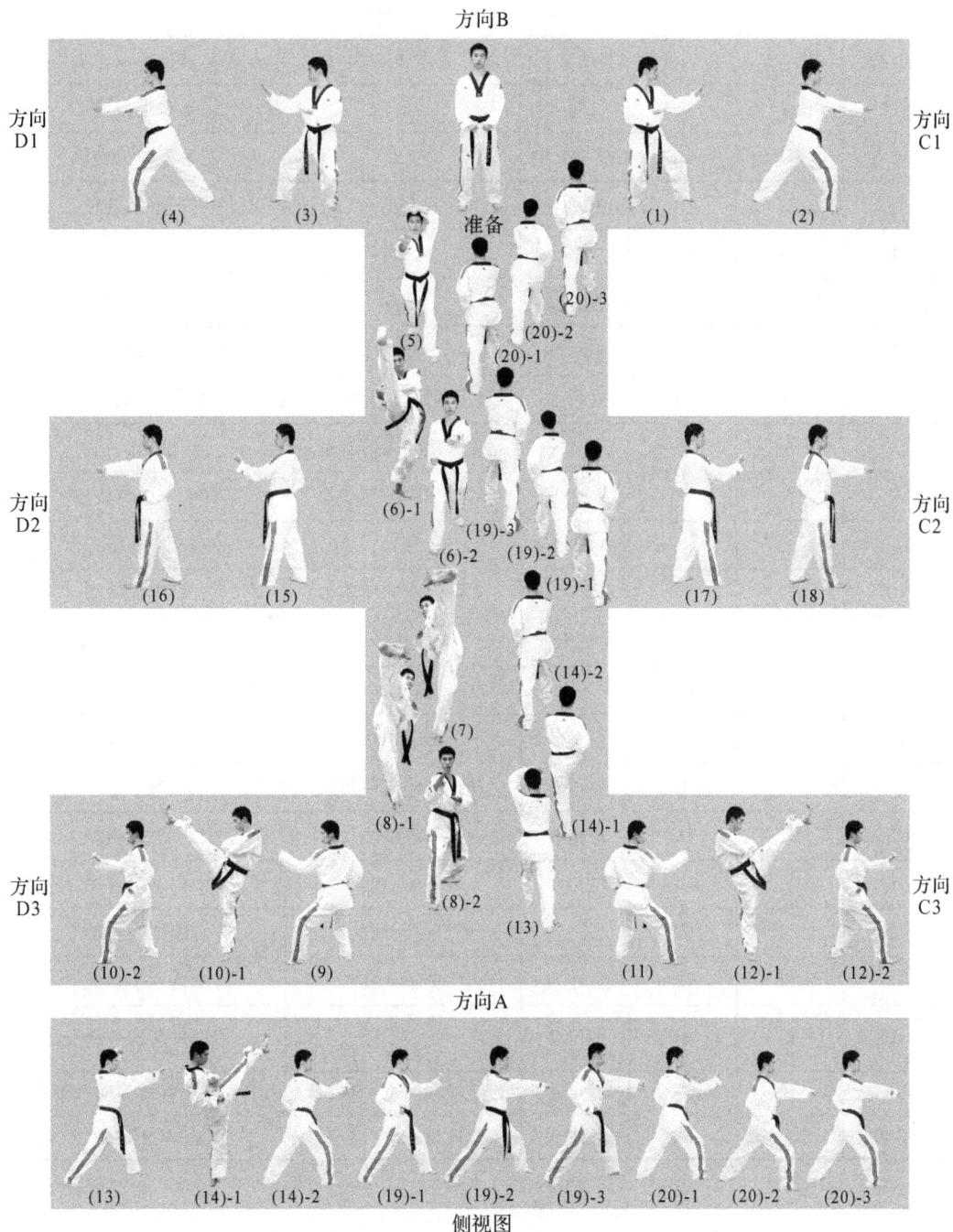

图 3-22　太极四章品势线路图

表 3-3　太极四章品势线路

顺　序	视　线	方　向	步法名称	移位及踢击动作说明	手部名称或动作说明
准备	A	A	并排步		基本准备势
1	C1	C1	右三七步	上步	左手刀中位格挡
2	C1	C1	右弓步	上步	右平手尖刺击
3	D1	D1	左三七步	向后转	右手刀中位格挡
4	D1	D1	左弓步	上步	左平手尖刺击
5	A	A	左弓步	转身	燕子手刀颈部攻击
6	A	A	右弓步	右脚前踢向前落地	中位左手直拳
7	A	A		左脚侧踢向前落地	
8	A	A	左三七步	右脚侧踢向前落地	右手刀中位格挡
9	D3	D3	右三七步	转身	左手中外格挡
10	D3	D3	右三七步	右脚前踢向后落地	右手中内格挡
11	C3	C3	左三七步	双脚原地换方向	右手中外格挡
12	C3	C3	左三七步	左脚前踢向后落地	左手中内格挡
13	B	B	左弓步	移动步法	燕子手刀颈部攻击
14	B	B	右弓步	右脚前踢向前落地	背拳前击
15	D2	D2	左走步	移动步法	左中位内格挡
16	D2	D2	左走步	步法不变	中位右手直拳
17	C2	C2	右走步	步法不变原地换方向	右中位内格挡
18	C2	C2	右走步	步法不变	中位左手直拳
19	B	B	左弓步	移动步法 （左中位内格挡）	中位两次直拳
20	B	B	右弓步	上步（右中位内格挡）	中位两次直拳并配合发声
结束	A	A	并排步	右脚为轴向后转身	基本准备势

表 3-4　太极四章判分标准

运动名称	站 势	规定动作	扣分事项
手刀格挡 平手尖刺击	三七步 弓步	• 手刀格挡后平手尖刺击时,格挡的手向下压同时刺击 • 平手尖刺击从髋关节开始	• 下压的动作分开进行时 • 刺击的手从胸口开始时 • 三七步的后腿膝关节向内或向外时
燕子手刀 颈部攻击	弓步	• 燕子手刀颈部攻击弓步要同时进行 • 颈部攻击的手刀高度是颈部	• 上格挡的手刀腕部弯曲时 • 攻击颈部的手刀向前推或刺击时
两次侧踢	走步	• 侧踢时肩、髋关节、膝关节、脚后跟在一个平面上,高度是头部 • 第一个侧踢后形成走步,同时踢第二个侧踢	• 侧踢动作不标准时 • 第一个侧踢后不形成走步时
前踢 中位内格挡	三七步	• 前踢后支撑腿不要向后滑步 • 格挡和脚落地同时进行 • 中内格挡的手臂在人体中心线	• 前踢时支撑腿弯曲时 • 动作不规范或格挡的手臂不在人体中心线时
背拳前击	弓步	• 攻击的手臂从髋关节开始,拳心向下,动作起始点从辅助的手臂内侧开始 • 动作完成后腕部伸直	• 攻击的手臂从辅助手臂外侧开始时 • 动作完成后腕部弯曲时

三、太极五章(巽)

太极五章的含义是八卦中的"巽",指风、威风与安静,是可以调节力量强弱的修炼阶段。新的动作包括下锤拳、旋肘前击、侧踢的同时直拳侧击、掌肘对击。站姿是后交叉步和左右站姿。适合跆拳道四级修炼者。

【注意事项】

下锤拳时,击打的拳要从辅助拳内侧向外击打。中内格挡和背拳前击时,双拳的高度要明显。侧踢与侧击后,掌肘对击要同步进行。

太极五章的进行线路最终形成一个"王"字,从起点开始,最终回到起点,共 20 个动作。

方向B

方向
D1

(4)　　　　(3)　　　　准备　　　　(1)　　　　(2)

(5)-1　　　(20)-2

(5)-2　　　(20)-1

(19)-2

方向
D2

(16)-3　(16)-2　(16)-1　(15)　(6)-2　(6)-1　(14)-3　(17)　(18)-1　(18)-2　(18)-3

(19)-1

(14)-3

(6)-3

(7)-1　　　(14)-2　　　(14)-1

方向
D3

(10)　　　(9)　　　(8)　(13)-1　(7)-2　(13)-2　(11)　　　(12)

(7)-3

方向A

方向
C1

方向
C2

方向
C3

(13)-1　　(13)-2　　(14)-1　　(14)-2　　(14)-3　　(19)-1　　(19)-2　　(20)-1　　(20)-2

侧视图

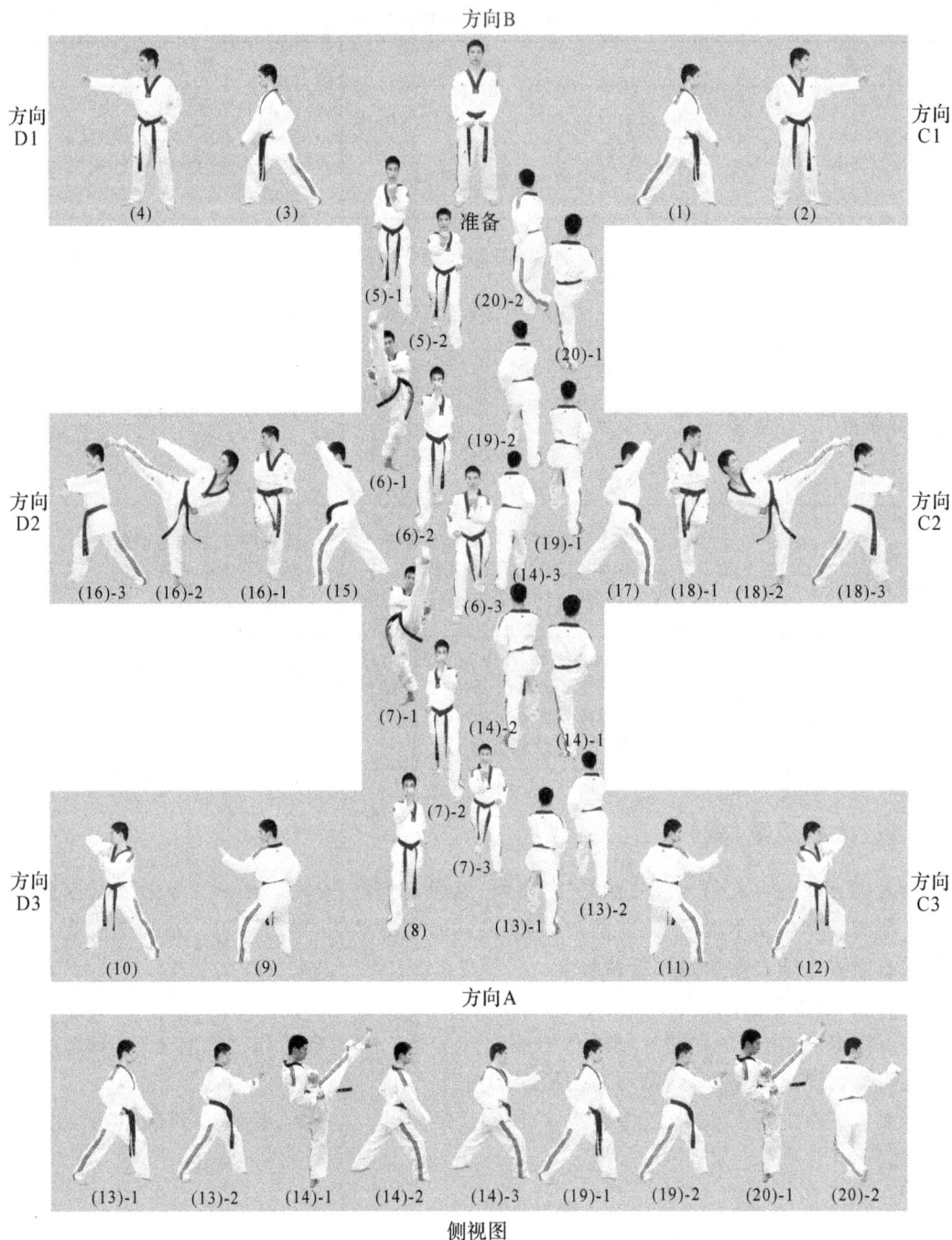

图 3-23　太极五章品势线路图

表 3-5

顺 序	视 线	方 向	步法名称	移位及踢击动作说明	手部名称或动作说明
准备	A	A	并排步		基本准备势
1	C1	C1	左弓步	上步	左下格挡
2	C1	C1	左站势	回收	左下锤拳
3	D1	D1	右弓步	换方向	右下格挡
4	D1	D1	右站势	回收	右下锤拳
5	A	A	左弓步	移步左中位内格挡	右中位内格挡
6	A	A	右弓步	右脚前踢右背拳前击	左中位内格挡
7	A	A	左弓步	左脚前踢左背拳前击	右中位内格挡
8	A	A	右弓步	上步	右背拳前击
9	D3	D3	右三七步	转身	左单手刀中外格挡
10	D3	D3	右弓步	上步	右旋肘前击
11	C3	C3	左三七步	向后转	右单手刀外格挡
12	C3	C3	左弓步	上步	左旋肘前击
13	B	B	左弓步	转身左下格挡	右中位内格挡
14	B	B	右弓步	右脚前踢向前落地、右下格挡	左中位内格挡
15	D2	D2	左弓步	移动步法	左上格挡
16	D2	D2	右弓步	右脚侧踢向前落地	掌肘对击
17	C2	C2	右弓步	向后转	右上格挡
18	C2	C2	左弓步	左脚侧踢向前落地	掌肘对击
19	B	B	左弓步	转身左下格挡	右中位内格挡
20	B	B	后交叉步	右脚前踢向前落地	右背拳前击配合发声
结束	A	A	并排步	右脚为轴向后转	基本准备势

表 3-6　太极五章判分标准

运动名称	站　势	规定动作	扣分事项
下锤拳	左站势 右站势	• 下锤拳的手臂从辅助手臂内侧开始 • 攻击时经过头部以上 • 站势的标准是双腿膝关节伸直,脚内侧形成 90°,两脚间隔一脚长距离	• 攻击的手臂从辅助手外侧开始攻击时 • 像背拳侧击时 • 形成并步、并排步或动作不标准时
单手刀外格挡、旋肘前击	三七步 弓步	• 单手刀外格挡后,攻击的肘关节路线是 45°角,拳到胸口时手掌开始辅助,拳心向下 • 肘关节高度与下颌同高	• 单手刀外格挡的起点动作从双臂的腕部交叉格挡时 • 辅助的手臂和拳的高度比胸口高或低时 • 动作完成后肘关节过高或过低时
侧踢后掌肘对击	弓步	• 侧踢时拳与大腿的宽度是一立掌宽度,拳心向下,拳从髋关节处开始 • 掌肘对击时利用腰部力量对击,动作完成后肘与胸口同高,肩部向攻击方向旋转 45°	• 拳与大腿的宽度不准确时 • 出拳的起点不从腰部开始时 • 掌肘对击动作完成后,肩部形成水平时 • 腰部不旋转时
背拳前击	后交叉步	• 用脚刀向下踩脚,同时背拳前击 • 交叉步脚刀外侧与支撑脚的外侧形成 45°角,脚和脚的间隔是一拳距离	• 背拳前击的高度不准确或腕关节弯曲时 • 后交叉步时,支撑腿的右脚角度不准确或双脚的脚后跟翘起时

知识拓展

练好品势的要点

(1)练习品势时想象有攻击的对象。练好品势的第一步就是练品势要有实战格斗的感觉。用真挚的表情,做每个动作都要用心用力。为了达到效果就要假想正有人攻击自己、正紧张对峙。如果把品势理解成简单的身体动作,那就像没有充气的足球一样。品势必须要用力,把内部气力通过品势导向全身。如果把品势想象成实际格斗的话,每个动作就会既凌厉又充满力量。

(2)必须正确熟知每个技术和动作,品势是基本动作的活用和延长。不管任何事情,其基础是最重要的,品势也是必须熟知基本动作的技术。如不熟悉基本动作和姿势的话,所做的动作没有自信,连接凌乱萎缩,不值一看。不只是品势的进行方向,其他格挡、攻击、踢法等各个技术动作都要像流水一样畅快淋漓。每个品势动作都有预备动作和正式动作两种。预备动作就是站立、移动和伸曲胳膊等上肢动作。踏步格挡和攻击等是正式动作。必须要正确区分预备动作和正式动作。熟知正确动作所必要的几个细节如下:

◎品势线:必须正确按着进行线。

◎身体的方向和角度:弓步下端防御时上身要侧向30°。

◎手或拳的位置:下端防御时防御的手腕要停在前大腿上方,正拳攻击要对胸口位置。

◎站立姿势:步宽要大点,注意两个脚的角度。弓步、后曲步要尽量屈膝。

◎身体的移动:要先移动腿,再做上肢的防御或攻击动作(也可同时)。

◎脚的移动:弓步移动时屈膝擦地移动。

◎胳膊的运动:胳膊动作时要双臂都要动。而且要充分利用扭腰的力量,有节制地进行。

◎腿法:尽量踢高。碰到目标点时利用膝部的反弹得到最大力量。

◎不要擅加其他动作:不要像机器人似的转头,不做抬脚准备姿势等夸张动作。

(3)用力的技巧。任何运动和技术都由力量作为后盾,力量来自连接上身和腿的腰部。像腿法一样,品势也是通过扭腰来得到力量的。防御和腿法时上身转向反方向后扭回来时可得到更大的力量。这时上身转向左右时不得弯腰。移动身体做预备动作时要扭腰并让全身(肩膀)充满力量。接下来做正式动作时利用从腰部发出的力量加体重,并把力量集中到身体的接触部位,这时另外一个拳要有力地贴在腰部才是一个完美的动作。

(4)身体移动时要注意平衡。品势并不是固定动作,而是要按一定速度前后左右移动身体来发挥力量的训练。这时身体的平衡和稳定就很重要了。身体前倾而身体摇晃的话肯定使不出力量。攻击和防御时要注意身体的重心不要摇晃。

(5)要注意节奏。游泳时并不是说手脚动作频繁,就游得快。手脚要协调才可以游得快。跆拳道品势中力量和速度也要按一定节奏来。品势不能像对练那样追求速度。预备动作和正式动作要柔和地连接,腿部移动和上肢动作也要结合起来,速度要均衡。品势做一个动作的时间接近1秒。要努力让预备动作和正式动作连续,动作的速度、力量全部都符合节奏。

(6)视线要平视以及向攻击防御时的方向。视线总是要对着假想敌的眼睛。说得具体一点,就是要向攻击防御时的方向。挺胸,平视前方,对视与对方的眼睛并做全身动作。不管何种情况视线都不能从对方身上离开。品势虽然是自己练习,但必须要假想对

方在前面。攻防时也要注意练习视野扩大到对方下肢。

(7)用呼吸来加力及振作精神。品势动作中呼吸是利用丹田呼吸法。收胳膊的预备动作中用小腹吸气后在正式动作中呼2/3的气时停止可发挥最大力量。紧闭双唇不能让对方听到自己的呼吸声。要有规则、有节奏地呼吸。

(8)大声发声。跆拳道中喊声是必不可少的。品势的声音,是运用丹田之气,将全身的力量集于一点击打出来,品势的目的是要求在静中体现力,通过喊声达到加大自信心并压倒对方以及集中力量的三种效果。

第四章　跆拳道高级应用篇

跆拳道运动的基本技术是在比赛中，根据跆拳道规则要求，结合跆拳道运动规律和比赛双方具体情况，合理运用技术，所采取的有意识、有目的、有组织的个人运动；跆拳道基本战术是在进攻和防守的格斗过程中，根据跆拳道运动的规律，以及比赛的具体情况和临场变化，通过场上队员灵活机动的运动，有意识地发挥个人的特长，运用个人掌握的各种进攻战术和防守战术。其目的是出其不意、攻其不备，快、准、狠、活地攻击对方的弱点，进而取得胜利。

通过初级篇和中级篇的学习后，本章开始学习实战术，讲解实战术的灵活运用。实战术中介绍了防守、假动作、距离、战机、节奏、空间原理、判断与预测；腿法中介绍了勾踢、旋风踢、后旋踢及组合腿法；品势基本式站姿中介绍了前、后交叉步、虎步；品势基本式手法中介绍了单手刀上位斜外格挡、剪刀格挡；品势套路介绍了太极六章至八章的动作及线路图，这是大约三级至一级要掌握的主要知识内容。

第一节　跆拳道的实战术

一、防守

在跆拳道实战中，化解对手进攻称为防守。进攻和防守是一对矛盾体。一个优秀的跆拳道运动员，不但要精通攻击技术，掌握得分的方法和手段，提高得分能力，还要熟练掌握和自如地应用跆拳道的防守技术，使自己建立起坚固的防御体系，在比赛中不失分或少失分。这样才有希望在更大程度上赢得比赛的胜利。

竞技跆拳道的防守技术可分为闪躲防守和格挡防守，跆拳道防守的原则有下列几点：

◎防守同时做好攻击准备。

◎随机变化防守方法，不让对方抓住防守规律。

◎避免消极的防守，防守不忘攻击。

（一）闪躲防守法

闪躲的防守方法包括以下三种。

1.调整距离

利用距离防守就是通过调整自身与对手距离的远近来瓦解对手的攻击。它包括两种形式：一种是远离对手，通过步法移动转移到安全区域，使对手的进攻鞭长莫及而落空；另一种是靠近对手，自己移动到贴近对手身体的空间，造成对手的攻击锋点因超越得分距离而失去作用。

2.改变角度

跆拳道比赛中双方之间的距离为双方共同拥有，在有效的距离，谁善于利用角度来防守，谁就会获得更多优势。角度防守就是通过步法的灵活移动，改变与对手的相峙角度，达到防守的目的。比如：对手用下劈进攻我头部，我可以抓住机会向左（或右）移动适当的距离，使对手的下劈落空。对付直线和垂直以及斜线的攻击都可以用改变角度的方法进行防守。

3.变化身法

身法防守是通过身体躯干及头部位置的改变，躲避对手的攻击，达到防守的目的。其中包括身体后仰、身体前倾、向左侧倾斜、向右侧倾斜、转头等。

（二）格挡防守法

跆拳道比赛中，不允许使用抓、夹、推、抱等方法，但可以利用手臂去格挡和阻挡以达到防守的目的。格挡防守可以分为向上格挡、向下格挡、向侧面格挡和阻挡。一般来说，运动员采用格挡的方法是出于以下的原因：一是对方进攻速度较快，自己来不及使用闪躲、贴近等方法时，下意识地用格挡进行防守；二是已预测到对方使用的技术，使用针对性的格挡是为了迅速做出反击动作，使格挡成为转化攻防的连接技术，为比赛得分创造条件。

1.向上格挡

【动作过程】

以左势实战势开始为例，左手握拳由下至上，用左前臂上架格挡，或是右手握拳，用右前臂上架格挡，手臂上架的同时肘部向内侧移动，即应有一个向上并向外横拔的动作。一般来说，运动员左势站立时，用左前臂格挡，则有利于后腿（右腿）的进攻，进攻动作有旋踢、下压等；若运动员用右前臂格挡，则有利于前腿（左腿）的进攻，进攻动作有前旋踢、侧踢、下压等。

【动作要点】

◎抬臂要迅速，前臂弯曲上架，头部尽量后仰，不要与上架的手臂在一个垂直面上，以免对方下压力量太大、自己前臂不能有效格挡时，面部被对方打中。

◎如果单纯只是上架，对方就会借力保持身体重心并快速收腿以连接下一个动作，

这样对你自己非常不利,正确的方法是向上格挡时手臂要有一个向上并向外横拨的动作,使对方借不到力而不能快速调整好身体重心。

◎快速向上格挡的同时就准备实施反击,要在对手调整好重心或连接下一个动作之前进行反击。

【易犯错误与纠正】

◎向上格挡的同时没有向外横拨。

◎只是单纯上架,没有立即反击。

◎上架时手臂和头部在一个垂直面上,一旦对方下压力量太大,自己的面部也被对方击中。

【用法】

防守对方的下压进攻。

2.向(左右)斜下格挡

【动作过程】

以左势实战势开始为例,左手握拳由上至下,用左前臂向左斜下方格挡,或是右手握拳,用右前臂向右斜下方格挡。一般来说,运动员用左前臂格挡,则有利于后腿(右腿)的进攻,进攻动作有旋踢击腹或击头、下压等;若运动员用右前臂格挡,则有利于前腿(左腿)的进攻,进攻动作有前旋踢、旋踢、侧踢、下压等。

【运动要点】

◎格挡时,要有力、短促,格挡幅度要小,格挡后手臂不要再有一个向外撩的动作。

◎格挡的同时,要有一个向格挡的反方向移动的动作,与对方踢过来的腿有一定的距离。否则如果对方腿击打的力量较大,很容易连同手臂、护具一起被击打。

◎格挡的同时,也是自己迅速做出反击动作的最好时机之一。

◎要防止对方借力使用高前旋踢击头动作。

◎格挡对方腿的胫骨以下的部位。

【易犯错误与纠正】

◎向左(右)斜下格挡时,格挡幅度过大,格挡后手臂还有一个向外撩的动作,使对方有时间调整身体重心。

◎在左(右)前臂格挡的同时,身体没有向格挡的反方向移动,在对方腿击打的力量较大时,连同手臂、护具一起被击打。

◎向左(右)斜下格挡同时,自己没有迅速做出反击动作,错过了得分的时机。

【用法】

防守对方的击打腹部的旋踢、前旋踢进攻。

（三）向（左右）斜上格挡

【动作过程】

◎以左势实战势开始为例，左手握拳由下至上，用左前臂向左斜上方格挡，或是右手握拳，用右前臂向右斜上方格挡。一般来说，运动员用左前臂格挡，则有利于后腿（右腿）的进攻，进攻动作有旋踢击腹或击头、下压等；若运动员用右前臂格挡，则有利于前腿（左腿）的进攻，进攻动作有前旋踢、旋踢、侧踢、下压等。

【动作要点】

◎格挡时，要有力、短促，格挡幅度要小，格挡后手臂不要再有一个向外撩的动作。

◎在格挡的同时，身体（尤其是头部）要有一个向格挡的反方向或向后移动的动作，与对方踢过来的腿保持一定的距离，即格挡的前臂不要与头部在一个水平面上，否则如果对方击打的力量较大，很容易连同手臂、头部一起被打。

◎格挡同时也是自己迅速做出反击动作的较好时机。

◎格挡对方的部位是其腿的胫骨以下部位。

◎格挡的同时，要防止对方借力使用侧踢阻击动作。

【易犯错误与纠正】

◎向左（右）斜上格挡时，格挡幅度过大，格挡手臂还有一个向外撩的动作，使对方有时间调整身体重心。

◎在左（右）前臂格挡的同时，身体或头部没有向格挡的反方向移动，或头部没有向后移动，在对方腿击打的力量较大时，连同手臂、头部一起被击中。

◎向左（右）斜上格挡同时，自己没有迅速做出反击动作，错过了得点时机。

【用法】

防守对方的击打胸部、头部的后旋踢，高前旋踢，后旋踢，双飞击头进攻。

二、假动作

跆拳道比赛不仅是身体和技术的比赛，同时也是智慧的较量。如通过假动作巧妙地隐藏自己的进攻意图，实施佯动或牵制性的进攻来迷惑对方，以此改变对手正确的防守姿势或使其暴露战术意图，使其做出错误的判断、出现防守或进攻中瞬间的漏洞，然后加以利用，为自己的进攻创造条件，从而掌握场上的主动权。

1.假动作的概念及目的

（1）假动作的概念

所谓假动作就是指利用身体某一部位或任一隐蔽动作做出使对手意料不及的真动作，从而使对手判断失误、露出破绽，再运用干净利落的动作击打对方。假动作的运用不应有规律性，否则就不能称其为假动作了。而且假动作运用本身还要带有真动作的性质，要有攻防的意识，根据对方的反应而有所变化。

（2）假动作的作用

◎试探对手反应

可以利用假动作来试探对方对自己动作的反应,从而在未正式交手之前判断出对手水平的高低。高水平运动员对动作和距离的判断一般表现得比较沉着冷静,不会轻易出手。如果对手对自己的假动作显得惊慌失措或做出反应,则表明对手是一个经验不足的选手。

◎赢得距离

在实战中,正确恰当的距离对于一次成功的攻击至关重要,除了依靠灵活的步法外,还可以借助假动作来获得最佳攻击距离。例如:垫步用前脚横踢对方为虚,待对手后退或做出防守动作时,再前脚迅速落地,此时对方已进入最佳攻击距离,立即后腿攻之。

◎扰乱对手的攻防节奏

利用假动作诱惑对手做出多余的、错误的防御动作或无目的的攻击,使其暴露空档,是假动作的又一主要作用。比如采用前后左右虚晃的动作,目的在于转移对方的注意力,促使对方对自己的虚假动作产生某种反应,而改变正确的防御姿势,然后加以利用,或者利用连续变换的攻防步法移动,打乱对手步法,调动对手,从而使对手失去重心。

（3）假动作的分类

◎眼神的假动作

在实战中双方对峙时,双方目光对视,凌利和坚毅的目光可以起到威慑的作用。同时依靠敏锐的眼神,可以发现对手任何一个细小的肢体动作变化,为防守做好充分的准备。同时作为假动作的一种手段,可以故意观察对手某处的击打部位,引起对手的注意,出其不意攻击对手其他部位,例如:看上打下,看下打上。

◎身体的假动作

跆拳道中,70％的得分都来自躯干的击打,因此身体假动作是调动迷惑对手的另一个重要手段。实战中,可利用身体的变化迷惑对手。双方对峙或经过几个来回的激烈对抗后,全身的神经和肌肉都处于一种紧张状态,这时可适当拉开距离,或两手下垂或原地跳步,做出一种放松调整的姿势。对手见自己放松进攻,如果其也想随之放松,则正中圈套。此时可迅速上步,在对手尚未调整好状态之前抢先进攻,则可占据主动,甚至一举击垮对手。

◎表情的假动作

在实战中,脸部表情的变化也可以迷惑对手。例如:当被对手较具杀伤力的腿法踢中疼痛难忍时,也可假装若无其事、镇定自如;也可假装自己体力不支,大口喘气,引诱对手拉近距离从而发起猛攻;在踢中对手后显出兴高采烈的样子、带有嘲弄的表情,蔑视对手,使其失去理智、疯狂反扑;当对手攻势凶猛时,故意拉开距离,放慢节奏,做出准备重击对手,使对手警惕地放慢动作,产生疑惑,从而给自己创造一个短暂的喘息时机。

◎腿法的假动作

跆拳道的技术动作大多以腿法为主,进攻速度快。腿法进攻的多变性可以吸引对手的注意,延长对手针对进攻动作反应的时间。双方对峙时,自己先前滑步做出前横踢动作迅速收回,当对手对自己的试探动作无反应时,自己突然起后腿进攻其躯干部位,也可以高鞭腿重击对方头部。这样左右腿配合假动作进攻的变化可使对手判断错误,从而产生畏惧,不敢轻易起腿反击。

◎步法的假动作

步法的假动作主要利用突然改变与对手的距离,使对手不由自主地做出反应。在实战中,通过移动步法来调整互相之间的距离;通过移动找出对方重心的支撑腿;通过移动使对方从熟悉的站位换成陌生的站位;通过不断地前后左右移动,使进攻更加具有隐蔽性。优秀的跆拳道运动员在进攻时往往依靠不断地移动找出对方的漏洞并创造最佳的进攻距离。

◎声音的假动作

声音也是迷惑对手的一种方法,赛场上疲劳时,铿锵有力的发声可以激励斗志。同时声助人威、人借声势,起到渲染气氛的独到效果。进攻时,短促而有力的呼吸可以降低对手的判断力,它可以让对方的反应减速,从而我方迅猛发起攻击;抑扬顿挫的发声结合虚虚假假的动作,又可以给对方造成一定的心理负担,使对方摸不清我方的意图。

(4)成功运用假动作的条件

为了使你的假动作在实战中能得以更成功运用,须努力做到以下几点:

◎不能连续使用同一种假动作,否则会成为对手利用这种技术进行反击的机会。因此,平时要练习使用多种假动作方法,要熟悉假动作所制造出的间隙破绽,以便制定攻击方法。

◎要知道假动作所制造出的空当只不过是瞬间的,要想利用这个空当,务必有迅速的攻击动作,否则将贻误战机。

◎运用几次真实而又简单的攻击之后,再使用假动作,成功率会大大提高。

◎对于不同的对手使用假动作的方法应有所区别,当对手是冷静、沉着型的,你的假动作幅度可以大一些,但速度并不能慢;对付一个临场慌张的对手,假动作的幅度越短小,对方反应则越激烈。

◎连续两个假动作的配合使用,有时也可以为你扫清攻击道路上的阻碍使你得以长驱直入。

三、距离

跆拳道实战的距离是指跆拳道实战中,对手与我方之间形成的空间间隔。根据运动状态,跆拳道比赛距离可分为静态距离和动态距离。静态距离是指实战双方原地对峙不

动时形成的空间间隔。动态距离是指实战时一方或双方在移动的过程中形成的空间间隔。

1.距离的存在形式

距离的具体形态可分为以下四种。

(1)远距离

双方相距在一步半以上,哪一方直接出击都难以攻击到对方(见图4-1)。

图 4-1 远距离   图 4-2 中距离

(2)中距离

双方相距在一步左右,哪一方的直接进攻都有可能攻击到对方(见图4-2)。

(3)近距离

双方距离在一步以内,需要调整距离来使用技术,或者将技术加以变化才能攻击到对手的有效部位(见图4-3)。

图 4-3 近距离   图 4-4 贴身

(4)贴身

双方躯干相靠在一起,这个距离难以使用技术(见图4-4)。

在跆拳道比赛中,这四种情况不断无序地出现,时而远距离,时而中距离,时而近距离,时而又会贴身靠在一起。所以要想在比赛中更好地发挥技术,必须对跆拳道比赛的实战距离充分了解,以便更好地利用。

恰当的距离使用恰当的技术,才能充分发挥技术的作用,否则你的攻击或反击不是够不上目标,就是超过了攻击目标。要知道,赛场上你的对手是活动的,因此绝大多数攻击和反击是在移动中实施的,这就要求跆拳道选手不但要有良好的距离感,而且能够做到步中起腿、灵活多变。

2.不同距离的攻击策略

(1)远距离攻击策略

◎进攻策略。双方处在远距离状态时,直接进攻难以击中对手,需要使用长距离攻击技术。

◎反击策略。当对方在远距离发起进攻时,一种策略是采用迎击的方法攻击对手,另一种策略是可以先进行短距离的后移,然后实施反击。

远距离攻击常用技术方法一般包括两类:一类是双飞、旋风踢等;另一类是向前移动的步法＋各种腿法技术。

(2)中距离攻击策略

双方处在中距离时,可以直接发起攻击,也可以略微前后移动结合假动作迷惑对手、抓住对手破绽后进行攻击。中距离是大多数跆拳道技术能够发挥效用的距离。横踢、双飞、后踢、下劈、后旋踢等腿法都适合在这个距离内使用。但是必须明确的是这个距离是进攻的最佳距离,同时也是反击的距离。所以在进攻的同时要严密注意对手变化,防范对手的反击。在对手主动进攻或连击时,要根据对手的行动,组织有效的第二次、第三次以及多次攻击。

(3)近距离攻防策略

双方处在近距离时,可以直接攻击,也可以实施间接攻击。直接攻击时要选用那些短距离的进攻技术和反击技术。间接攻击时要通过步法或者身法调整好距离后再攻击对手。拳法、内摆下劈、外摆下劈等技法可在近距离时使用。

(4)贴身攻防策略

当双方处在贴身状态时,除了内摆踢、外摆踢这两种腿法能够打到对手的头部外,其他技术很难派上用场。在贴身状态时,可以使用摆踢攻击对手头部;还可以通过步法转移身体位置,调整距离后进行攻击。但同时也要注意防守对手通过这两种方式组织的攻击。

四、战机

战机(也叫时机)是打击对手的最佳机会。准确地把握战机,是跆拳道技术使用的关键环节之一。战机的本质就是对手失去防守或者防守能力差的瞬间。

1. 主动进攻的战机

◎在对手准备发起进攻时抢先进行攻击。

◎在对手精力分散时进行攻击。

◎在对手变换动作时进行攻击。

◎引诱、欺骗或假动作起作用时进行攻击。

2. 迎击的战机

◎在对手动作未完成时攻击。

◎在对手用步法靠近的过程中攻击。

3. 反击的战机

◎闪开对手攻击的同时进行攻击。

◎防守的同时进行攻击。

◎在对手攻击落空时进行反击。

4. 连击的战机

◎对手受到打击而失去平衡时。

◎对手胡乱防守、无章无法时。

◎对手面对进攻盲目退逃、没有反击能力时。

◎对手发呆、不知所措时。

五、节奏

跆拳道的比赛节奏是指跆拳道选手在实战中,动作与动作之间、组合动作与组合动作之间的时间间隔。在跆拳道比赛中,运动员在赛场上的行动包括以下几项内容:

◎站成实战势与对手对峙,运用各种方法寻找战机。

◎用跆拳道技术攻击(进攻、反击、迎击、连击)对手。

◎步法移动。

◎在裁判员判罚时等待比赛继续开始。

这些行动时间长短和内容的多少,决定了运动员的比赛节奏。在训练和比赛的实践中,教练员和运动员要不断地摸索掌握对手的节奏变化,使用相应的节奏,争取比赛的主动权。

六、空间原理

空间原理是跆拳道运动员技术应用时应该遵守的重要原理。空间原理是指在跆拳道攻防实战中,选择好攻击路线、攻击点和攻击面,提高攻击的有效性。遵守空间原理可以更有效地攻击对手,多得分,少受伤,节省体力。

1.选择我方的攻击动作与对手的得分部位之间没有任何阻碍的攻击路线。例如,对手攻击我右侧,我则从左侧攻击对手。对手从左侧向我攻击,我则利用右侧的空间向对手反击。对手直线向我进攻,我则向两侧躲闪,然后进攻对手得分部位。

2.如果攻击路线受到阻碍,就变化攻击目标的位置。比如,我攻击对手腹部得分部位受阻,则我可以改变攻击目标,向对手头部进攻。

七、判断与预测

判断能力和预测能力是高水平跆拳道运动员必备的重要素质。在跆拳道比赛中,优秀的运动员在与对手的实战中,能够在对手行动之前感觉或判断出对手的行动是什么、什么时候采取行动,并且能够在对手做动作时不假思索地实施有效的应对措施。

1.提高预测能力的具体措施

◎掌握跆拳道攻防规律。

◎了解不同选手使用技术的习惯。

◎提高观察能力、判断能力,精细的体会"空间感觉"和"时间感觉",逐渐形成跆拳道特殊的攻防"直觉"。

◎不断进行实战训练,有意识、有目的地进行预测练习,大胆实战、果断行动,摸索选手攻防规律,逐渐提高预测的成功率。

2.预测的思维方法与内容

知己知彼,百战不殆。只有提高预测能力才能有备而战,进一步提高技战术使用的目的性和主动性。提高选手的预测能力,需要不断地进行思维训练和实战训练,有目的地积累实战经验。预测能力是一种综合能力。经常进行思维训练,并养成边实战边思考、用头脑打比赛的习惯,对提高判断与预测能力会很有帮助,再加上不断的实战,运动员的技术应用能力就会不断提高。下面就是实战预测应该明确的问题:

◎对手将使用什么战术?可能出现什么样的战术变化?

◎对手的下一步行动是什么?

◎不同的回合对手将可能进行哪些变化?

◎对手的特长技术是什么?对手有可能使用哪些技术进行进攻、防守和反击?

◎对手进攻与反击的征兆是什么?重心怎样移动?表情如何变化?

◎自己的攻击发出后,对手采取的应对措施是后退、前进、侧移、反击还是防守?对手可能处在什么位置?

第二节　跆拳道基本腿法(高)

一、勾踢

【动作方法】

以左势实战势开始为例,右脚向后蹬地,身体重心前移至左脚,左脚支撑,右腿屈膝提起;左脚以前脚掌为轴,脚跟向内旋转约180°,右腿膝关节内扣,右腿向左前方伸出,伸直后用脚掌向右侧用力屈膝鞭打,然后右腿顺势放松屈膝回收,落回原地成右势实战势(见图4-5)。

注:动作完成过程中需水平前进。

图4-5　勾踢

【动作要点】

◎起腿后右腿屈膝抬过水平,然后内扣。

◎右脚要随转体尽量向左前伸展。

◎右脚掌向右鞭打时要屈膝扣小腿。

◎鞭打后顺势放松。

【易犯错误】

◎提膝后直接向前方伸直右腿,没有做膝内扣动作。

◎鞭打后不放松,落地姿势改变。

二、旋风踢

【动作方法】

以左势实战势开始为例,头、肩、跨带动右脚向左后侧前方旋转,身体顺势向左后前方水平旋转180°,左脚向外侧旋转;右脚未落地的同时左腿蹬地起动踢横踢动作,此时身体已转动360°,可击打对方腹部或头部,左脚落地成左势实战势(见图4-6)。

【动作要点】

◎上步转体动作要迅速连贯,左脚内扣落地时脚跟对敌。

◎右脚随身体左转向后侧摆起时不要太高,以能带动身体旋转起跳为宜,身体重心平移往前。

◎左脚蹬地起跳,身体腾空,但不过膝,目的是快速旋转出腿。

◎左脚横踢时,右腿向下落地,要快落站稳,即横踢目标的同时右脚落地。

【易犯错误】

◎旋转速度慢,出腿不连贯。

◎重心没有在原地旋转,旋转后找不到目标。

◎距离掌握不好,离目标过远或过近。

◎未打到目标时,另一个腿已经落地。

图 4-6　旋风踢

三、后旋踢

【动作方法】

以左势实战势开始为例,两脚以两脚掌为轴均内旋约180°,身体右转约90°,两拳置于胸前。上体右转,与双腿拧成一定角度。右脚蹬地将蹬地的力量与上体拧转的力量柱在一起,将右腿向后上以髋关节为轴直腿摆起,右腿继续向右后旋摆鞭打,同时上体向右转,带动右腿弧形摆至身体右侧,右腿屈膝回收;右脚落地成左势实战势(见图4-7)。

【动作要点】

◎转身、旋转、踢腿连贯进行,一气呵成,中间没有停顿。

◎击打点应在正前方,呈水平弧线。

◎屈膝起腿的旋转速度要快。

◎重心在原地旋转360°。

后旋踢攻击的主要部位是头部。

【易犯错误】

◎转身、踢腿中有停顿,二次发力。

◎起腿太早,最高点不在正前方。

◎上身往前、往侧、往下,推动平衡。

图 4-7　后旋踢

四、组合腿法的运用

◎横踢＋旋风。

◎横踢＋后旋。

◎旋风＋后旋。

◎横踢＋旋风＋后旋。

第三节　修炼品势要点(高)

一、站姿

1.前、后交叉步

【规定动作】

◎双脚相距一拳距离。

◎前脚和后脚形成90°角。

◎双腿交叉,小腿呈"X"形。

◎重心的90％放在腿上(见图4-8)。

【扣分事项】

◎双脚间隔过宽或过窄时。

◎交叉时,重心向后或向前倾斜时。

◎前脚与后脚不形成90°角。

图 4-8　前、后交叉步

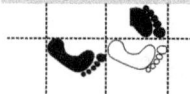

图 4-9　虎步

2. 虎步

【规定动作】

◎身体中正,后脚尖与正前方形成30°角。

◎重心在后腿,前腿膝关节与前脚尖在一条直线上。

◎前脚跟离地,前脚掌轻轻点地,双腿膝关节弯曲,身体重心的90%～100%放在后腿。

◎前后脚相距两脚长距离(见图4-9)。

【扣分事项】

◎后脚尖与正前方大于30°角时。

◎前后脚的距离过多或过少时。

◎上身向前倾斜或臀部过于向后时。

二、手法

1. 单手刀上位斜外格挡

【起始动作】

◎右侧单手刀上位斜外格挡时,右手刀从左髋关节处向上移动。

◎左臂弯曲与右肩部同高,掌心向外。

【规定动作】

◎格挡手刀的腕部伸直,高度与头部同高,肘关节轻微弯曲然后交叉格挡。

◎身体向正前方形成45°(见图4-10)。

肩部向左自然形成45°角

图 4-10　单手刀上位斜外格挡

双臂与肩同宽

图 4-11　剪刀格挡

【扣分事项】

◎格挡时用单手格挡或肘关节向外翘起时。

◎格挡后肩部的角度过大或过小时。

◎肘关节伸直或腕关节弯曲时。

2.剪刀格挡

【起始动作】

◎右拳从左髋关节处向上移动,拳心向里。

◎左拳从右肩部向下移动,拳心向上。

【规定动作】

◎格挡动作完成后,内臂中外格挡的拳与肩部同高。

◎下格挡的拳在大腿下前方,与大腿相距一立掌距离。

◎双臂与肩部同宽。

◎格挡时,内臂中外格挡的手臂在外侧,下格挡的手臂在内侧(见图4-11)。

【扣分事项】

◎格挡动作完成后,格挡的高度过高或过低,双臂的宽度过宽或过窄时。

◎格挡时,内臂中外格挡和下格挡摆放位置不准确时。

第四节　品势套路

一、太极六章(坎)

太极六章的含义是八卦中的“坎”,指水的川流不息与柔韧。太极六章就像万物之源的水一样,每个技术动作的连接必须连贯,没有停顿。新动作包括单手刀上位斜外格挡、高位横踢、单手掌中内格挡、双手交叉分式下格挡等,适合跆拳道三级修炼者练习。

【注意事项】

右侧单手刀上位斜外格挡时,肩部向左转45°角,横踢后,踢腿脚落地的宽度与弓步的宽度相同,视线注视进攻的方向,单手掌中内格挡时,手掌的高度与胸口同高,在做动作16～17时,要以前脚掌为轴向后旋转,格挡与旋转要同步进行。

太极六章的进行线路最终形成一个“王”字,从起点开始,最终回到起点,共19个动作。

方向B

方向
D1

方向
C1

(4)-2   (4)-1   (3)   准备   (1)   (2)-1   (2)-2

(5)

(19)-2

(19)-1

方向
D2

方向
C2

(6)-1   (18)-2

(18)-1

(9)-2   (9)-1   (8)-2   (8)-1   (6)-2   (6)-3   (7)-1   (7)-2

(10)-1

(10)-2   (17)

方向
D3

方向
C3

(10)-3   (16)

(11)

(15)-2   (15)-1   (14)   (12)-1   (12)-2   (13)-1   (13)-2

方向A

侧视图（无）

图 4-12　太极六章品势线路图

表 4-1　太极六章品势线路

顺　序	视　线	方　向	步法名称	移位及踢击动作说明	手部名称或动作说明
准备	A	A	并排步		基本准备势
1	C1	C1	左弓步	上步	左下格挡
2	C1	C1	右三七步	右脚前踢、回收	左中位外格挡
3	D1	D1	右弓步	换方向右脚向前微动	右下格挡
4	D1	D1	左三七步	左脚前踢、回收	右中位外格挡
5	A	A	左弓步	转身	右单手刀上位斜外格挡
6	C2	C2	左弓步	右脚横踢向前落地，左脚向左移并做上位外格挡	中位右手直拳
7	C2	C2	右弓步	右脚前踢向前落地	中位左手直拳
8	D2	D2	右弓步	向后转右手上位外格挡	中位左手直拳
9	D2	D2	左弓步	左脚前踢向前落地	中位右手直拳
10	A	A	并排步	移动左脚	双手交叉分手下格挡
11	A	A	右弓步	上步	左单手刀上位斜外格挡
12	C3	C3	右弓步	左脚横踢向前落地，配合发生同时右脚向后转	右下格挡
13	C3	C3	左三七步	左脚前踢、回收	右中位外格挡
14	D3	D3	左弓步	换方向左脚向前微动	左下格挡
15	D3	D3	右三七步	右脚前踢、回收	左中位外格挡
16	A	B	右三七步	右脚移动	手刀中位格挡
17	A	B	左三七步	左脚向后撤	手刀中位格挡
18	A	B	左弓步	右脚向后撤左手掌中位内格挡	中位右手直拳
19	A	B	右弓步	左脚向后撤右手掌中位内格挡	中位左手直拳
结束	A	A	并排步	收回右脚	基本准备势

表 4-2　太极六章判分标准

运动名称	站　势	规定动作	扣分事项
前踢—中位 外格挡	弓步 三七步	• 前踢时,重心不能起伏过大 • 前踢后与中位外格挡要同步进行	• 前踢时,重心向上翘起时 • 前踢后格挡动作分开进行时
单手刀上位 斜外格挡	弓步	• 起点动作从髋关节开始,掌心向上 • 手刀经过面部格挡,肘关节放松下垂 • 手尖与头部同高,手刀外侧与前臂的外侧线统一 • 动作完成后肩部向格挡的反方向形成 45°角	• 用单手格挡时 • 肘关节翘起时 • 动作完成后腰部没有形成规定的角度时
头部横踢	弓步	• 横踢出腿路线是直线 • 横踢后,向前迈步的宽度为弓步的宽度 • 踢腿时视线向攻击方向	• 横踢动作完成后双脚并拢时 • 横踢后落地的脚不向前落地,而向旋转方向落地时
头部上位 格挡—直拳	弓步	• 格挡时拳经过面部,腕部与耳部同高 • 格挡和直拳动作要连续完成	• 格挡时不经过面部、高度不准确、单手格挡、肘关节翘起时 • 动作分开进行时
双手交叉 分手下格挡	并排步	• 格挡的时间是 5～6 秒 • 格挡时左臂在外侧、双拳心向上	• 动作过快或过慢时 • 交叉的方向错误时
单手掌中位 内格挡—直拳	弓步	• 单手掌中位内格挡与直拳要连续进行 • 动作完成后,掌心与胸口同高	• 动作完成后,单手掌中位内格挡的掌心向下时 • 掌心比胸口高或低时

二、太极七章(艮)

太极七章的含义是八卦中的“艮”,指山,稳重与稳健。通过修炼可以达到不可动摇的修炼意识和力量。新动作包括手刀下格挡、手掌中内格挡、并步抱拳、剪刀手格挡、膝击胸口、双手交叉中位外格挡、交叉拳下格挡、背拳外击等,适合跆拳道二级修炼者练习。

【注意事项】

要求虎步做得规范准确。手掌中内格挡后,背拳前击的高度是人中位置,手脚要同时进行,剪刀手格挡时要连续进行,要利用腰部的力量。动作 21～22 的内摆与掌肘对击的动作要同步进行,掌肘对击的高度是胸口。背拳外击时起始动作从肩部开始,拳心向脸部。

太极七章的进行线路最终形成一个“王”字,从起点开始,最终回到起点,共 25 个动作。

方向B

方向
D1

方向
C1

(4)-2　(4)-1　(3)　准备　(1)　(2)-1　(2)-2

(5)

(6)

(25)

(24)

方向
D2

(11)-1

(11)-2

(23)-2

方向
C2

(10)-2　(10)-1　(9)　(12)-1　(23)-1　(7)　(8)-1　(8)-2

(12)-2

(22)

(21)-2

(21)-1

(13)-2　(13)-1　(20)

方向
D3

方向
C3

(16)　(15)-3　(15)-2　(15)-1　(14)　(17)　(18)-1　(18)-2　(18)-3　(19)

方向A

(20)　(21)-1　(21)-2　(22)　(23)-1　(23)-2　(24)　(25)

侧视图

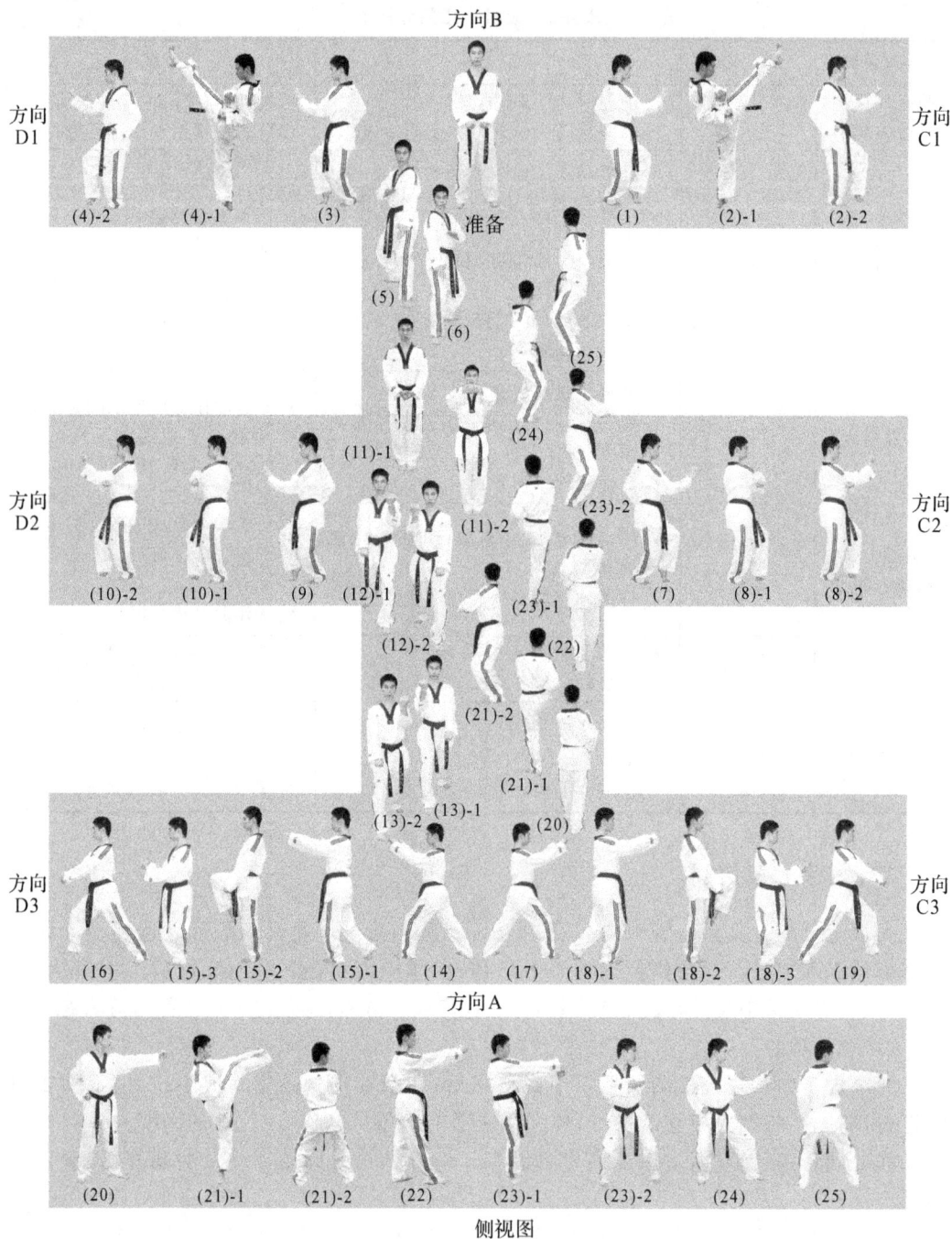

图 4-13　太极七章品势线路图

表 4-3　太极七章品势线路

顺　序	视　线	方　向	步法名称	移位及踢击动作说明	手部名称或动作说明
准备	A	A	并排步		基本准备势
1	C1	C1	左虎步	移左脚	右手掌中位内格挡
2	C1	C1	左虎步	右脚前踢回原位	左中位内格挡
3	D1	D1	右虎步	双脚原地换方向	左手掌中位内格挡
4	D1	D1	右虎步	左脚前踢回原位	右中位内格挡
5	A	A	右三七步	转身	手刀下格挡
6	A	A	左三七步	上步	手刀下格挡
7	C2	C2	左虎步	换方向	右手掌中位内格挡
8	C2	C2	左虎步	步法不变	右背拳前击
9	D2	D2	右虎步	换方向	左手掌中位内格挡
10	D2	D2	右虎步	步法不变	左背拳前击
11	A	A	并步	收左脚并步	抱拳
12	A	A	左弓步	左脚上步	剪刀格挡
13	A	A	右弓步	右脚上步	剪刀格挡
14	D3	D3	左弓步	转身	双手交叉中位外格挡
15	D3	D3	后交叉步	抬右膝右脚向前落地	中位双仰直拳
16	D3	D3	右弓步	左脚后撤	交叉拳下格挡
17	C3	C3	右弓步	向后转	双手交叉中位外格挡
18	C3	C3	后交叉步	抬左膝左脚向前落地	中位双仰直拳
19	C3	C3	左弓步	右脚后撤	交叉拳下格挡
20	B	B	左走步	转身	左背拳外击
21	B	B	马步	右脚内摆向前落地	掌肘对击
22	B	B	右走步	身体起立左脚跟步	右背拳外击
23	B	B	马步	左脚内摆向前落地	掌肘对击
24	B	B	马步	步法不变	左单手刀外格挡
25	B	B	马步	右脚上步	中位右手直拳配合发声
结束	A	A	并排步	右脚为轴向后转	基本准备势

表 4-4　太极七章判分标准

运动名称	站　势	规定动作	扣分事项
前踢 中内格挡	虎步	• 前踢后，脚收回同时形成虎步，虎步与中内格挡要同步进行	• 支撑腿向后滑步时 • 虎步的角度过大或过小时 • 中内格挡高度不准确时
辅助背拳前击	虎步	• 单手掌中内格挡的高度是胸口高度 • 背拳前击时是人中高度	• 高度不准确时 • 辅助拳形的形态为手刀时
抱拳准备势	并步	• 左脚收回的同时形成抱拳准备势，节奏是 5~6 秒 • 从丹田开始 • 左手抱右拳	• 先做抱拳准备势，后形成并步时 • 节奏过于缓慢时 • 从胸口开始时
剪刀格挡	弓步	• 剪刀格挡要连续进行 • 格挡手臂与肩部同宽	• 格挡手臂比肩部宽或窄时 • 拳过高或过低时
提膝攻胸口 —双仰正拳	后交叉步	• 手掌有伸直抓住对方肩部向下压的感觉 • 双仰正拳从髋关节开始，拳心向下	• 双拳握紧同时向下打时 • 双仰拳拳心向下时
内摆— 掌肘对击	马步	• 使用脚内侧横踢的感觉，高度是头部 • 掌肘对击的高度是胸口，视线向起点方向	• 踢的感觉向下时 • 踢腿时手臂上下或左右晃动时 • 视线不看起点时

三、太极八章（坤）

太极八章的含义是八卦中的"坤"，指阴、地、根、稳定、始与终。新动作包括双手中位外格挡、左手下格挡、右手上位外格挡、勾拳、前交叉步、肘部旋击、背拳前击，腿法是跳起两次前踢（腾空二段前踢）和原地前踢接跳起前踢等，适合跆拳道一级修炼者练习。

【注意事项】

动作 3-1 和 3-2 向前跳起的距离是弓步距离，动作 19 的前踢有两次，在第一次前踢完成落地前做第二次前踢。在动作 5 左手下格挡和右手上位外格挡时，双脚尖向上位格挡方向形成 45°角。在动作 6 和动作 8 的勾拳时，起始动作的辅助手臂与肩部同高，勾拳的拳心向下，并从胸部开始做动作，节奏是 8 秒。交叉步时，要以前脚掌为轴旋转交叉。动作 13-2 和 16-2 的弓步和直拳动作要明显。动作 14 和 17 的手掌中位内格挡高度是与胸口同高，步法是虎步。

太极八章的进行线路最终形成一个"王"字，从起点开始，最终回到起点，共 27 个动作。

方向B

方向
D1

方向
C1

(27)　(26)　(25)　(24)　　准备　　(20)　(21)　(22)　(23)

(1)

(19)-4

(19)-3

(2)

(19)-5

方向
D2

(19)-2

(19)-1

(18)

方向
C2

(17)　(16)-2　(16)-1　(15)　(3)-1　　(12)　(13)-1　(13)-2　(14)

(3)-2

(11)-2

(11)-1

(3)-3

(10)　(9)

方向
D3

(3)-4

(3)-5

方向
C3

(6)-2　(6)-1　(5)　(4)　(3)-6　(7)-1　(7)-2　(8)-1　(8)-2

方向A

(18)　(19)-1　(19)-2　(19)-3　(19)-4　(19)-5

侧视图

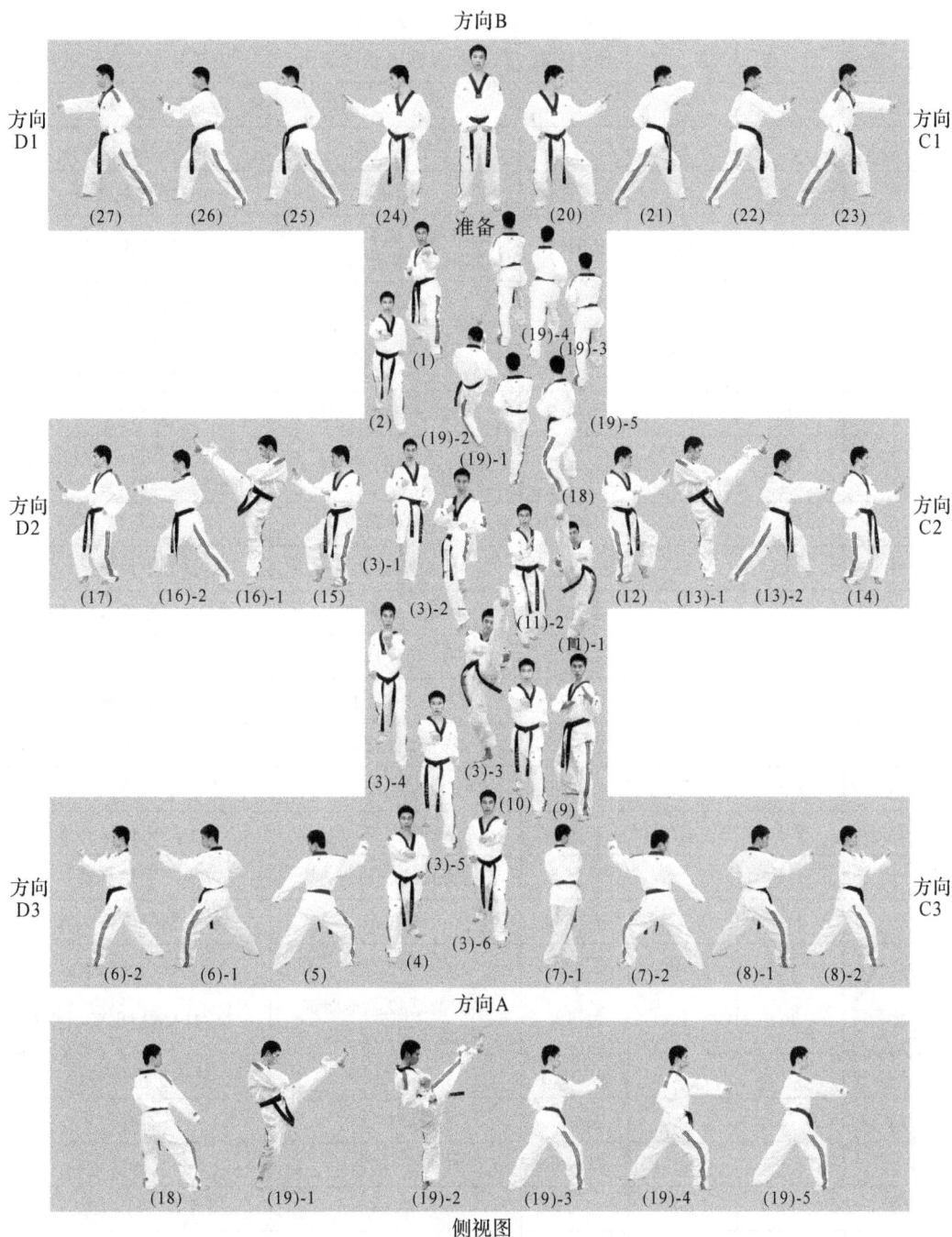

图 4-14　太极八章品势线路图

表 4-5　太极八章品势线路

顺　序	视　线	方　向	步法名称	移位及踢击动作说明	手部名称或动作说明
准备	A	A	并排步		基本准备势
1	A	A	右三七步	左脚上步	双手中位外格挡
2	A	A	左弓步	原地	中位右手直拳
3	A	A	左弓步	向前跳起两次前踢并配合发声,左中位内格挡	中位两次直拳
4	A	A	右弓步	右脚上步	中位右手直拳
5	D3	D3	右弓步	转身左脚移动	左手下格挡右手上位外格挡(外山势格挡)
6	D3	D3	左弓步	双脚原地换方向	右勾拳
7	C3	C3	左弓步	左脚前交叉上步出右脚	右手下格挡左手上位外格挡(外山势格挡)
8	C3	C3	右弓步	双脚原地换方向	左勾拳
9	A	B	右三七步	右脚移动	手刀中位格挡
10	A	B	左弓步	双脚在原位	中位右手直拳
11	A	B	右虎步	右脚前踢回收	右手掌中位内格挡
12	C2	C2	左虎步	左脚移动	手刀中位格挡
13	C2	C2	左弓步	左脚前踢向前落地	中位右手直拳
14	C2	C2	左虎步	收左脚	左手掌中位内格挡
15	D2	D2	右虎步	换方向	手刀中位格挡
16	D2	D2	右弓步	右脚前踢向前落地	中位左手直拳
17	D2	D2	右虎步	收右脚	右手掌中位内格挡
18	B	B	左三七步	转身	双手下格挡
19	B	B	右弓步	左脚前踢接原地跳起右脚前踢配合发声	中位右内格挡出两次直拳
20	C1	C1	右三七步	转身	左单手刀中位外格挡
21	C1	C1	左弓步	左脚向前	右肘旋击
22	C1	C1	左弓步	步法不变	右背拳前击
23	D1	D1	左弓步	步法不变	中位左手直拳
24	D1	D1	左三七步	换方向	右单手刀中位外格挡

续表

顺 序	视 线	方 向	步法名称	移位及踢击动作说明	手部名称或动作说明
25	D1	D1	右弓步	右脚向前	左肘旋击
26	D1	D1	右弓步	步法不变	左背拳前击
27	D1	D1	右弓步	步法不变	中位右手直拳
结束	A	A	并排步	收左脚	基本准备势

表 4-6 太极八章判分标准

运动名称	站 势	规定动作	扣分事项
腾空两次前踢	踢腿后弓步	• 腾空两次前踢的第一个高度是膝关节,第二个高度是头部 • 向前跳跃的距离是走步的距离	• 向前跳跃的距离过宽或过窄时 • 格挡后的出拳从胸口开始时
外山势格挡	弓步	• 外山势格挡时手臂经过面部,要准确做出下格挡和头部上位格挡,腕关节与耳部同高 • 形成弓步的宽度为一拳,两脚内侧线形成45°角	• 上位外格挡的手臂不经面部时 • 格挡手臂高度不准确时 • 外山势格挡动作缓慢时 • 步法的角度不形成45°时
击下颌	弓步	• 全身用力慢慢地击下颌 • 动作节奏是5～6秒 • 起点动作时双拳心向下 • 拳从胸口外侧开始 • 辅助手臂放在肩部,拳心向脸部	• 击下颌时,重心左右晃动 • 动作结束后特意去停顿时 • 格挡后前脚不移动时 • 击的动作特别快或结束的瞬间发力时
左脚交叉移步	交叉步	• 左脚从右脚的前方经过 • 右脚的前脚掌旋转后再做出下一个动作 • 交叉步时双脚间隔是一拳距离	• 左脚向右脚移动时右脚不能有碎步 • 移动时双脚过宽或过窄时 • 重心起伏过大时
直拳后单手掌中内格挡	弓步 虎步	• 直拳和弓步时后腿膝关节伸直 • 单手刀中内格挡 • 起点与肩同高 • 动作完成后掌心在人体正中线	• 弓步和出拳时,后腿弯曲 • 形成虎步的宽度过宽或过窄时 • 格挡后掌心向下时
前踢后腾空前踢	前踢后弓步	• 第一个前踢腿法完成后空中交换踢第二个腾空前踢 • 原地交换踢击	• 第一个腾空前踢后大腿向下落时 • 踢第二个腾空前踢时向前跳跃时

知识拓展

跆拳道实战经验总谈

一、良好的心理素质

打实战,首先要有良好的心理素质!有的练习者腿法很好、速度很快,但是每次实战或比赛时都击打不到对手,为什么?因为心理素质不过关,把胜负看得过重,比赛时给自己造成了过度的紧张感。首先要放松自己,不要想比赛结果,多鼓励自己,给自己信心,在战略上藐视对方,在战术上要重视对方,发挥自己的正常水平即可。

二、技术的质量

跆拳道是踢的艺术,但是我们要把表演与实战技术区分开来。表演性的腿法要求高度和运动的漂亮度,而竞技性腿法则要求力量与速度相结合。实战中以效率为重,并无严格要求去衡量动作的标准度。但要注意基本的几个要素:

1.突然性:成功多出于无人预料,出腿也一样,要有突然性。尽量放松自己和保持自己的体力,不要做无谓动作和出腿。在击打失败的情况下要马上做出防守反应和收回动作,以免破绽漏出,好比弹簧快打快收,要做到一触即发、发而收之。

2.隐蔽性:要将动作的预动和幅度做到最小,出腿前尽量不要做多余的小动作,每个不起眼的小动作在高手面前都会是破绽或机会。比如起腿时习惯性的一蹲才出动作;或者起后腿前脚先迈一步;再或者出腿前手先动一下。这些小动作即使你动作再快,不出两次对手就会发现你的毛病,在你下次主动进攻时他已料到,便会抢先出腿进攻。大级别可以用适当的假动作和步伐来扰乱对手的节奏,掩饰自己的出腿。尽量放长自己的动作并做到五力结合:肩带腰、腰带胯、胯带腿、腿带足、足带力。还要注意防守:上肢防御动作和侧面、斜面步伐等。用最安全的方式击中对手。

3.步伐与技术结合:步法训练是实战中非常重要的一个环节,必须要与腿法紧密结合。除了基本步法练习外,还要模拟各种情况下的步伐练习,如绕圈、小步移动。不要一味地直来直去,要多练习侧面、斜面步法。要学会用角度闪躲和灵活的步法引诱对方进入自己的攻击范围,还要去了解对手的攻击范围,所谓知己知彼百战不殆。

4.防御:很多跆拳道运动员只注重腿法的进攻而忽略了防御。有句话叫"要想打人,就要先学会挨打"。当然没必要真去挨打,而是要学会怎样去避免挨打,从而进行防守反击。首先要注意上肢的防御、侧闪和摇闪,还有下肢的防御:如步法中侧滑步、斜滑步、环绕步等。防御可以让你避免被击中、被KO,也可以让你获得更多更好的机会去攻击对手。

5.变化:这是最重要也是最难做到的。在实战中,不仅需要稳固扎实的基本功、灵敏

度、协调性、反应能力,还需要有"应变能力",比赛中变化无穷,世事难料,战术变化、角度变化、腿法变化等,都需要正确判定,做出正确改变。

除了以上几点,还要掌握对手的节奏和体力等情况。总而言之,我们要因材施教,"教而明其法,学而得其道",不盲目练习,多动脑,给自己定一个目标。

第五章　跆拳道训练方案、方法及评价

跆拳道修炼者的身体素质包括一般身体素质和专项身体素质。一般身体素质训练旨在增进运动员的身体健康，改善身体形态，提高各器官系统的机能水平，为专项训练打好基础。专项身体素质是跆拳道练习者和运动员学习技术、掌握技术和运用技术的基础和保证，以确保力量、柔韧、速度、耐力和灵敏度在一定的高度上。跆拳道专项身体素质训练旨在于"对提高专项成绩有直接关系的专项运动素质"，以保证运动员在比赛中运用专项的技术、战术，创造优异的运动成绩。

本章重点介绍跆拳道品势、特技与击破、力量素质、柔韧素质、耐力素质、灵敏与协调素质、速度素质等内容的训练方案与方法。

第一节　品势训练方案

一、修炼品势的目的

通过品势修炼提高跆拳道技术水平，进一步促进品势技术的发展。

二、修炼品势的重要性

品势是攻击和防守技术按规定形式修炼的技术体系。在跆拳道修炼中，品势是精神和技术的精髓，是直接或间接表现身心修养和攻防原理的行动方式。

品势是跆拳道基本动作组成的攻防技术体系，经常进行品势练习，可以培养和提高竞技跆拳道的技术应用能力，还可以通过跆拳道品势的演练水平，得知练习者的修炼程度。

三、修炼品势的要领和重点

首先要正确理解品势的构成原理，其次要熟知品势的动作和动作路线及方向。修炼品势的注意事项：

◎动作和姿势的准确性。

◎动作的正确性。

◎平衡(重心移动)。
◎速度的快慢。
◎动作力度(强弱)。

四、品势比赛评分标准

品势比赛评分标准是通过动作的规范性、熟练程度以及演练水平来评价的。

◎规定基本动作当中的手、腿法为标准打分。

◎按照品势动作的技术规则和完成动作时的准确性来评分。

◎按照动作的自然、熟练程度和动作的平衡(重心移动)、速度和力量的分配来打分。

◎品势通过一定时间的反复修炼才能完成,评分时要对动作的刚柔、缓急等节奏进行评判。

◎不同素质、不同体质的修炼者做出的动作不同,评分时结合演练者的身体条件、特点以及完成品势动作的完美性来判断。

五、品势训练方法

修炼品势的重点为基础体力训练、基本动作和腿法,最终达到能理解品势整体的流程来进行修炼。

临近比赛前一个月开始进行针对性训练,重点提高比赛所要求动作的完整性。通过反复的测试与练习,不断找出问题点,进行针对性训练和个别指导,迅速提高动作的演练质量,充分做好备战准备。

六、品势训练过程

第一阶段(准确性训练)

主抓基础动作训练,以熟练、规范基本动作和腿法作为重点。充分理解世界跆拳道联合会品势比赛规则和技术动作的要求,针对裁判员评价内容和标准进行训练。

第二阶段(熟练性训练)

通过反复的准确性训练,正确理解品势的动作,进行熟练性训练,熟练性训练的重要核心是修炼时动作幅度大一点,所有动作保持均衡(重心移动要稳),最后速度和力量达到最高境界。此阶段训练虽花费的时间比较长,但是在品势修炼过程当中是一个很重要的环节。

第三阶段(表演性训练)

品势修炼的最终阶段是演练完整的品势动作。通过反复的练习,动作达到刚柔、缓急、节奏挥洒自如。达到一定境界后,重要的修炼部分是"气与力"的配合,以及正确而自然地表现能力。

七、品势基本动作名称

表 5-1　品势基本动作名称

序　号	动作名称	国际用语
1	并排步	Naranhiseogi
2	走步（左脚在前）	Wen Apseogi
3	走步（右脚在前）	Oreun Apseogi
4	弓步（左脚在前）	Wen Apkubi
5	弓步（右脚在前）	Oreun Apkubi
6	左三七步	Wen Dwitkubi
7	右三七步	Oreun Dwitkubi
8	左虎步（左虚步）	Wen Beomseogi
9	右虎步（右虚步）	Oreun Beomseogi
10	马步	Juchmseogi
11	后交叉步（七章第 15 个动作）	Kwiik Koaseogi
12	并步（高丽第 26 个动作）	Moaseogi
13	前进交叉步（高丽第 18 个动作）	Ap Koaseogi
14	左脚鹤立步（金刚第 15 个动作）	Wen Hakdariseogi
15	右脚鹤立步（金刚第 25 个动作）	Oreun Hakdariseogi

八、跆拳道品势比赛裁判员标准口令

表 5-2　跆拳道品势比赛裁判员标准口令

序　号	动作名称	国际用语
1	运动员入场	Shen-su-yip-zhang
2	立正	Cha yeot
3	敬礼	Kyeong-rye
4	品势准备	Poomsae-joon-by
5	开始	Shi-jak
6	还原	Ba-lo

续表

序　号	动作名称	国际用语
7	立正	Cha-yeot
8	敬礼	Kyeong-rye
9	公布分数	Zhem-su-pyo-cul
10	运动员退场	Shen-su-tue-zhang

九、品势太极一至八章的主要数据

表 5-3　品势太极一至八章的主要数据

品　势	线　路	动作数	腿　法	品　势	线　路	动作数	腿　法
太极一章	乾	18	前踢2个	太极五章	巽	20	前踢4个 侧踢2个
太极二章	兑	18	前踢5个	太极六章	坎	19	前踢6个 横踢2个
太极三章	離	20	前踢6个	太极七章	艮	25	前踢2个 内摆2个
太极四章	震	20	前踢4个 侧踢2个	太极八章	坤	27	前踢6个

第二节　跆拳道特技与功力击破训练方案

一、特技概述

跆拳道特技是在身体腾空的状态下应用腿、脚等技术进行攻击和击破的表演方法。腾空动作主要包括直线腾空、斜线腾空、腾空旋转、腾空翻转等。

跆拳道的特技表演分单次击破表演和连续击破表演两种形式。目前,跆拳道特技已被列入全国大众跆拳道正式比赛项目,竞赛形式分为单人和团体两种形式。竞赛时,要求表演者在规定的时间内完成所编排的表演。

二、特技训练要点

第一,要具有较好的协调性。常见的协调性训练方法包括跳绳、走平衡木,双手上下在背后抓握,腾空旋转跳跃,向前、向后及交叉奔跑等。

第二,要具有很好的爆发力。常见的爆发力训练方法有:单腿抱胸跳、下蹲然后膝关节努力向上顶,达到极限,就像你做弹踢的基本动作一样,然后另一条腿带动你的身体做胸跳,也叫收腹跳。每天坚持,循环渐进,逐渐增多。还有一个就是膝关节做好侧踢伸腿的姿势,支撑腿向上跳跃,腾空后两腿膝关节撞击,然后支撑腿下落,另一条腿保持不动,这也需要坚持练习。另有立卧撑(就是俯卧撑加一个跳跃)、蛙跳、负重的蹲跳起等,许多的体能练习对训练爆发力都有很好效果。

第三,要具有较好的柔韧性、耐力和扎实的基本功。柔韧性对高难度技术动作的发挥会有较大的影响,特技更不例外,因此要以正确的方式积极坚持柔韧性练习。

特技动作训练时,要注意运动员的安全,尽量以正确方式训练避免受伤,比如一定要在垫子上进行训练,而且教练要做好保护措施,尤其是在做倒立、翻腾、空翻等动作时。值得提醒的是,基本腿法不过硬,会影响特技腿法的使用,所以在学习特技动作前,一定要多练习基本功,任何时候也不能松懈,这样才能达到最好的效果!

三、特技练习对象

特技项目的最佳练习年龄应当为 13 岁以上,年龄过小有可能会影响少年儿童的身体发育,也有可能出现无法预计的危险状况。

四、540°后旋踢训练技巧

跆拳道 540°后旋踢是跆拳道表演及习武爱好者极为向往的特技腿法。能完美地使出 540°后旋踢相当于跆拳道技术修炼已达到了一定的水平。但踢出跆拳道 540°后旋踢的条件大致可分为两方面:体能及身体协调。很多跆拳道练习者认为自己未能做出 540°后旋踢是因为体能欠佳,其实这只说中一半。事实上,一个有效而切实的训练方法正是大家所缺少的。跆拳道 540°后旋踢要求的身体协调远超于其体能所需,一般具有中等跆拳道表演能力已能达到该体能要求。跆拳道练习者只需针对某些肌肉稍加训练便可。以下几种训练,可为大家建立 540°后旋踢所需的肌力。

(一)跆拳道 540°后旋踢基本训练

1.以准备姿势左右开步站立,然后原地 180°转身跳,再沿相同轨迹后转跳回原位。

◎每课 2 组,每组 15～20 次,左右方均需练习。

◎训练重点:转身时必须迅速,双脚触地后立即回转跳回原位。

2.以准备姿势左右开步站立,然后原地 360°转身跳回原位。

◎每课 1 组,每组 10～15 次,左右方均需练习。

◎熟练后可于跳转时将双膝提起至胸口位置,加强训练强度。

3.以准备姿势左右开步站立,然后原地尽量向上跳至膝盖碰胸。

◎每课 3 组,每组 10～15 次。

4.手扶横杆,站立后旋踢。

◎每课 3～5 组,每组 10～15 次,左右脚均需练习。

◎训练重点:训练出后旋踢的正确轨迹,注意最佳开始踢击角度为膝盖指向斜下 45°。

◎注意:起跳时应双拳曲手提起,以保持平衡。

(二)跆拳道 540°后旋踢进阶训练

1.以准备姿势左右开步站立,然后原地向后 360°转身跳回原位,再向反方向 360°转身后跳回原位。

◎每课 1 组,每组 5～10 次。

◎熟练后可于跳转时将双膝提起至胸口位置,以加强训练强度。

2.以准备姿势左右开步站立,然后原地向上尽量转身跳。

◎每课 1 组,每组 3～5 次,左右方均需练习,以能转 720°为目标。

3.先提起一腿至腰位置,以另一腿使力跃起并尽量使膝盖碰胸。

◎每课 3 组,每组连续 15 次,左右脚均需练习。

◎注意:腰背必须挺直及向前微倾。

4.单脚 360°后跳旋踢。

◎每课 1 组,每组 3～5 次,左右脚均需练习。

依此训练计划,经过为期约一个月的训练,弹跳力和旋转力应有大幅度的改善,而各肌肉组的运用也会感到流畅。但在训练时必须小心,要有充足的热身及避免训练过度。

五、击破概述

跆拳道击破(又叫功力击破)是以原地的拳、肘、手刀,及伴以旋转发力的腿法动作一脚击打的跆拳道进攻动作,动作击打时双脚不得脱离地面,手部主要动作有向下的正拳、背拳、立拳、手刀、侧面肘击等;脚步动作有(无助跑与借力)后踢、横踢、后旋踢、侧踢等。为体现功力及威力,击破物通常都为 3 块以上的木板、大理石或方砖、瓦片,在竞赛中均以动作规范、击破数量多者为胜方。击破项目也已经被列为全国大众跆拳道比赛正式项目。在全国大众跆拳道比赛中,率先使用了可多次使用的亚克力专用击破瓦片和方砖,从而大大提高了安全性与环保性。

六、击破者练习对象及要点

击破项目的最佳练习年龄应当为 16 岁以上,训练的重点是身体素质、爆发力、腰腿部稳定性等,教练员应当严格引导练习者学会正确的发力方法,先从较少数量的击破物开始训练,逐渐增加击破物数量。

值得提醒的是,练习击破的目的不是为了炫耀我们本身的强大破坏力,而是以更加坚硬的身体有效阻挡对手的进攻；在进攻中即使和对方的骨骼碰撞，自己也不容易受伤。能将自己的技术完全转化为攻击力，因此显现功力击破的训练是有必要的。

第三节　跆拳道自卫防身术

跆拳道防身术的原则：即人体攻击度最强的部位，人体最脆弱的要害部位，跆拳道的基本技术运作等内容。通过一定时间防身术的修炼，可以培养良好的反应能力与敏锐的洞察力。在徒手格斗中，练习者可以根据情况变化，采用各种擒拿法、护身术来制服对手，使对手在瞬间处于疼痛、酸软或麻木状态而丧失抵抗力，达到防身制敌的目的。

一、跆拳道品势攻防含义之防身术的运用

品势中攻防练习时，要求练习者假设敌意，模拟各种实战场景，通过不断的揣摩和练习，使人形成条件反射，以便能够在跆拳道的实战和比赛中具体运用，在生活中遇到外来侵袭时还能起到很好的防身作用，下面以图文形式举几例说明跆拳道品势攻防含义之防身术的运用。

1.手刀防御＋贯手＋手尖刺击（选自太极四章动作）

对手出右拳时，用单手刀格挡，对手再快速出左拳，即用贯手拍挡对方左手，再上弓步右手尖刺击对方心窝（见图 5-1）。

图 5-1

2.燕子手刀＋前踢＋背拳（选自太极四章动作）

当对方右手挥拳过来时，用燕子手刀进行攻防（即左手上挡格，右手砍颈脖），接着用前踢踢对方腹部，再后再背拳击打对方人中（见图 5-2）。

图 5-2

3.手刀上位斜外格挡＋高位横踢（选自太极六章动作）

对方右手上冲拳时，右单手刀上位斜外格挡顺势抓住对手手腕，紧接着起右脚高位横踢击打对方头部（见图 5-3）。

图 5-3

4.双拳外防＋搂颈顶膝＋双拳前击腹（选自太极七章动作）

当对方双手来抓时，用双拳外防，然后伸手抓住对方后脑往下按，同时提膝顶脸部，再双拳前击打两肋（见图 5-4）。

图 5-4

6.手刀外防＋抓腕＋背拳（选自太极八章动作）

对方左手冲拳时，用右手刀格挡顺势抓腕，并迅速左旋肘前击对方脸颊，顺势再用左手背拳击打对方人中（见图5-5）。

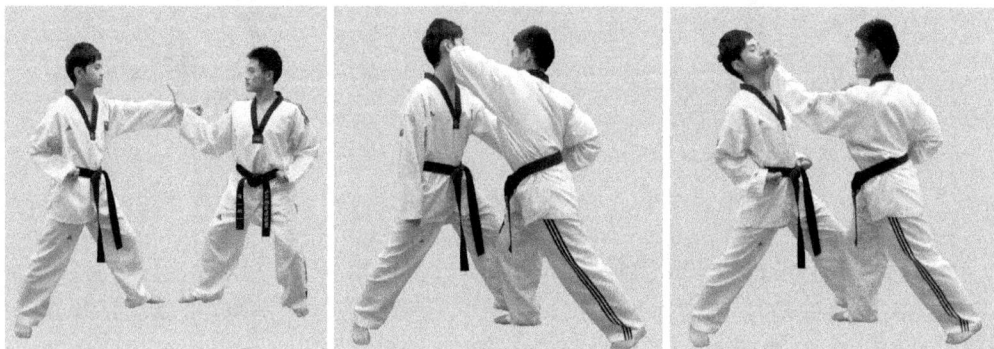

图 5-5

二、自卫防身术

通过防身术练习，逐步掌握一些防卫方法，能够逐渐克服紧急情况下的害怕与无所适从的心理。女性有其独特的生理特点，女性自卫防身有其特殊的环境和条件特点。所以女子自卫防身最有效和简捷的办法，莫过于根据这些特点而创立，使其防身的技能技巧，尽可能地适宜女性特点。下面介绍几种防身术动作。

1.关键词：踩脚＋顶肘＋后踢

当歹徒（左）从身后抱住自己时，用脚后跟用力踩其脚尖，双臂用力一撑用肘击打对方心窝，留出一点距离后，快速用后踢踹中央其裆部或腹部（见图5-6）。

图 5-6

2.关键词:掰手腕＋前踢＋下踢

当歹徒(左)用左手抓住头发时,用右手抓住对方腕部往后掰,使其无力再拉头发。然后用前踢攻击对方裆部或锁喉,再提膝顶对方腹部,用下劈击打对方头部(见图5-7)。

图 5-7

3.关键词:挡、拉、拧＋横踢＋下劈

当歹徒(左)进行正面出拳攻击时,左脚向斜前方跨一步,同时用右手进行格挡,顺势抓住对方手腕拉直并快速拧手腕卸对方的力,然后起右腿横踢击打对方腹部后,落脚借力再往里向外下劈对方头部(见图5-8)。

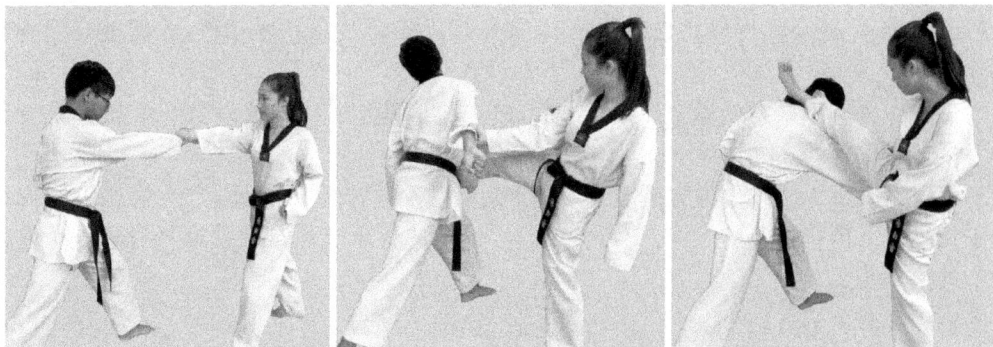

图 5-8

第四节　跆拳道舞(操)训练

跆拳道舞(操)是一个新兴的跆拳道健身项目,是品势与音乐融合后的一种独特的跆拳道舞蹈。其动感激情与时尚活力的表现形式一经亮相,就受到广大青少年跆拳道爱好

者的关注与喜爱。普及与发展跆拳道舞（操）运动是一个再度提升修炼者的兴趣和参与热情的绝佳创意，具有吸纳与造就高素质人才的实际意义与作用，在枯燥的功力训练中，增加一份良好的自我感受与乐趣，并创造了更加便于展现自我风采的方式与平台。

一、跆拳道舞（操）的分类

在韩国，跆拳道舞（操）目前分为两类：

第一，以较为清晰、稳定的音乐为背景，运用基本的跆拳道动作组成整套表演，练习者在稳定的旋律下展示每个动作的力度与节奏，与我们常见的健身操比较相似，所以将其称为跆拳道操。由于这类编排形式动作简单、节奏鲜明、比较容易掌握，并且在练习时练习者自我感觉较好，故而吸引了较多成年女子用以健身和娱乐。

第二，则是较为适合青少年展示与表演的跆拳道舞蹈，在编排形式上着重强调对视觉的感染力和冲击力，背景音乐较多选择节奏起伏较大的现代舞蹈音乐。动作编排以跆拳道动作为基本要素，同时增加了现代的舞蹈语言，不同风格与内涵的主题都力图给观众最直接的感染力。

二、编排与创作

跆拳道舞（操）是以舞蹈为表现形式、以跆拳道品势动作与攻防技术为主要动作元素的。从编排角度来说，跆拳道舞（操）要比单纯的舞蹈创作难得多。作为一个跆拳道舞（操）的编排者，既要懂得舞蹈创作原则，又要精通跆拳道各项技术动作，才能进行编排和创作。

创作一个有感染力的跆拳道舞（操）作品的要点，基本可以归纳为以下几点。

（一）听觉效果

一段富有极强感染力的背景音乐，无疑会给观众带来听觉震撼，令人快速集中视线去关注舞台上即将展开的表演。从这点来看，恰当的音乐选择是跆拳道舞（操）作品取得成功的第一步。

（二）视觉效果

由于目前的跆拳道舞（操）必须是集体展示的，所以整个作品的视觉效果设计至关重要。动作的合理结构与衔接、整齐划一的动作流程、出人意料的技术体现、队形的变化、技术展现的效果、健康活力的队员形象、整洁完美的服装搭配都将决定整个作品的视觉冲击力。

（三）主题与灵魂

声音与画面的组合构成了一个完整的视听体系，而由此传递给台下观众的整个作品的主题思想才是创作的真正目的，这点也是在比赛中能否取胜的核心因素，所以，在创作与演绎跆拳道舞（操）作品时，一定不要一味堆砌技术动作或舞蹈动作，而要将我们所熟

悉的每个跆拳道攻防技术动作赋予更高境界的意义与理念。

（四）舞蹈者的清晰定位

清晰的创作定位是整个创作与实际操作相结合的基础，其中重点是：参加人员（指表演者）选定与舞蹈编排风格相结合的定位上，根据实际的人员结构制定和编排跆拳道舞（操）的动作难度与表演风格是创作跆拳道舞（操）必须考虑的重要环节。

（五）选择音乐确定主题

跆拳道音乐可以像电子音乐那样节奏感很强烈，也可以像瑜伽音乐那样舒缓，也可以二者兼顾，跆拳道舞则是根据选定的跆拳道音乐把跆拳道基本腿法、拳法、步法巧妙地贯穿起来，当然也可以融合其他的流行舞蹈，譬如 hip-pop 等，但必须保证跆拳道基本技术占整个舞蹈内容的三分之二以上。因为音乐节奏不同，其适合的群体也不同。

确定了表演人员后，就可根据人员结构有指向地选择音乐类型，并确定将要表演的主题。跆拳道舞（操）在大多数情况下，有可能与其他的参赛队，或在某个晚会中与其他节目同台表演，并且经常是在嘈杂的体育场馆甚至露天的大场地中进行，那么如何使表演最大限度地吸引观众；或者如何把还沉浸在上个表演或观看比赛时兴奋状态未能平静下来的观众吸引住，并让其再次回到理智的欣赏状态，这都取决于音乐的选择。

在表演中，音乐是我们跆拳道舞（操）每个动作组合的连接"锁链"，也是抒发跆拳道精神的"纽带"，在这里，每个小节都可能蕴涵着精彩的攻防动作，每个音符上都可能传递出力量与表演者的精神气质。

因此在选择音乐时，我们首先要选择大多数人认为好听的音乐，且能够明确地表达出健康向上的主题思想。

第一，要选择的音乐是让每个人听到之后，都有想跟随节奏去做动作（跆拳道动作）的冲动，而且能感染每个人投入并参与其中。此类音乐多为现代舞曲、流行劲歌，也可以在一些流行乐团的曲目中选择。

第二，要选择内涵丰富、起伏跌宕，在低缓委婉的章节中能敲击人的心灵深处，在高潮勃发时能令人热血沸腾的音乐。此类音乐应该有明确主题叙述特征，建议在影视主题音乐或一些动漫游戏音乐中选择，但此类音乐很可能在某些章节出现无法衔接的现象，所以多数都需要进行剪辑处理才能适合表演使用。

（六）动作结构与视觉效果

如果说选定音乐是从听觉方面给观众明确主题气氛的话，那么跆拳道舞（操）的动作编排将从视觉中讲述跆拳道表演主题的精神与内涵，由此不难看出跆拳道动作编排的重要意义。

首先，创作者应具有很强的音乐感。音乐感是指对音乐的理解，这不仅指在理论上的理解，更重要的是对音乐表现情感和音乐形象上的理解。例如，一个舞蹈家和一名画家同时听一首名曲，他们对乐曲的理解就会不同。画家脑海里出现的是画面、构图、布

局,是各种色彩的明暗对比;舞蹈家则会根据旋律的起伏、节奏的快慢、音响的强弱,脑海中不断闪烁着各种跳跃、旋转和时而翻腾激烈、时而舒展委婉的动作形象。

所以在跆拳道舞(操)的创作中,创作者应该将那些经过变化后再组合在一起的品势动作赋予更多的内涵与作用,在配合音乐组合这些动作的时候,可以把这些动作当作一种特殊的"语言"形式去讲述和抒发创作主题中的思想含义。

跆拳道舞(操)的队形变换在表演中至关重要,所以,好的、出奇制胜的变化能给人以振奋与感动,很容易成为舞蹈的高潮;而呆板的、一成不变的队形画面会使人感到枯燥,毫无感染力。因此,队形变化的幅度与频率是整体视觉效果的关键所在,但对于非专业创作人员来说,刚刚开始学习并尝试创作跆拳道舞(操)在多变队形的设计中并不是很得心应手,并且也存在较大的排练难度,但如果努力去尝试并设计出合理巧妙的队形变化与穿插走位,可以使整套跆拳道舞(操)获得更加丰满的层次和视觉效果。

第五节　跆拳道的力量素质训练

跆拳道运动是一项力量和全身协调能力综合发展的格斗项目,要求爱好者和运动员具有一定的力量,并要全面发展跆拳道的力量素质。力量素质又与其他素质有着极为密切的联系,直接影响其他素质的发展。力量素质也是掌握运动技术、提高运动成绩的基础。因此,力量素质是评价跆拳道爱好者和运动员运动水平的重要指标之一。

一、力量素质训练要求

一般来讲,跆拳道运动不需要膀大腰圆、横向发展类型的运动员,而是要求运动员的身体形态和机能基本趋向于瘦高型和质量型,要求肌肉质量高。所以,在跆拳道专项力量素质训练上,有具体的方法和要求。它要求以速度力量为主,相对力量、速度力量和力量耐力协调发展,以达到跆拳道竞技的需要。

二、力量素质训练的重要性

1.跆拳道运动是一项力量和全身协调能力综合发展的格斗类项目,队员必须具备一定的力量。

2.要全面发展力量素质,这直接影响着其他素质的发展,也是提高技术水平和运动成绩的基础。

三、力量素质训练方法

力量素质训练主要采用以下几种方法。

1.上肢力量

(1)俯卧撑:俯卧,身体伸直,两脚尖和两手支撑,在其他部位不触地的情况下,双臂每屈伸一次算一次俯卧撑。要求屈臂时胸部几乎触地,伸臂时肘关节完全伸直。两手亦可握拳或十指撑地,以增加练习难度。训练时每组15~30次,共做5组,每组间歇3分钟。

(2)杠铃屈臂:两脚左、右开立,两手反握杠铃与肩同宽。由两臂自然伸直,杠铃静置大腿前开始,以肘关节为轴做两臂的屈臂动作,到两肘完全屈收,杠铃横置锁骨部位,再放松伸臂至大腿前。每重复一次上述动作计数一次。杠铃重量15~20公斤,每组10次,共做5组,每组间歇3分钟。

(3)卧推杠铃:仰卧在长凳上,两臂伸直与肩同宽,双手放松屈肘,杠铃至胸前但不能接触胸部,然后双臂用力上举,至伸直位置。每使杠铃上下一次计数一次。杠铃重量为本人卧推最大重量的70%,每组10次,共做3~5组,组间间歇3分钟。

2.下肢力量

◎半蹲:6组×20次、杠铃重量为体重的70%;

◎负重跳换步:6组×30次、杠铃重量为25~50kg;

◎负重登台阶:6组×30次、杠铃重量为25~50kg;

◎负重高抬腿:6组×30次、杠铃重量为20~35kg;

3.综合力量

(1)立卧撑跳:身体向前,两脚尖和双手支撑身体,做一次俯卧撑,然后屈髋收腹,两脚收至两手中间位置,同时蹬地起跳,身体腾空。反复进行,每组15~30次,做3~5组,每组间歇3分钟。

(2)收腹跳:身体直立,两脚同时蹬地原地起跳,身体腾空;随蹬地两脚迅速屈膝上提,两手由两侧抱紧双膝,随放即落。反复进行,每组15~30次,做3~5组,每组间歇2~3分钟。

(3)原地提膝:身体直立,一脚蹬地后迅速屈膝上提,提到最高位置放松落下,另一条腿同样上提,交替进行。每组30~50次,做5~6组,每组间歇3~4分钟。

(4)立定多级跳:从直立开始,一脚蹬地起跳,另一脚前跨。反复进行。

(5)腹背腰肌:仰卧起坐、腹肌两头起、背肌两头起、侧腰肌。反复做30~50次,做3~5组,每组间歇1分钟。

(6)核心力量:平板支撑、手或脚放在球上1~2分钟,做3~5组,每组间歇2分钟。

4.要求及注意事项

(1)根据自己的力量基础,以及学习掌握具体技术的需要安排训练,应使机体局部力量和整体力量、大肌肉群力量和小肌肉群力量训练结合起来进行。

(2)科学地安排和调整运动负荷。例如,发展绝对力量需要采用强度大、重复次数少

的练习法；发展速度力量要求练习者在最短的时间内发挥出最大的力量，采用中等重量、快速、较多次数的练习法；发展力量耐力则采用负荷强度小、重复次数多的练习法。

（3）进行力量训练时，要与其他性质练习交替进行，提高肌肉弹性，防止肌肉僵化。

（4）大赛前 7～10 天不能安排极限重量的较大部分肌肉群练习。

（5）要求以速度力量为主，相对力量、力量耐力协调发展。

第六节　跆拳道的柔韧素质训练

跆拳道竞技运动以踢法为主，对腿部和腰髋的柔韧性有极高的要求，这里主要介绍腿髋部和腰部的柔韧性训练方法。柔韧性训练方法就其形式来讲分两种，一种是主动练习法，另一种是被动练习法。主动练习法是指练习者依靠自己的力量使肌肉拉长，加大关节活动的灵活性；被动练习法是指练习者通过他人的帮助，借助外力使肌肉被拉长，并使关节活动范围增大。

一、主动形式的训练方法

1. 坐位体前屈：主要练习腰部柔韧性。具体方法：坐在地上，两腿并拢向前伸展，脚尖回勾，小腿肌肉紧贴地面，膝盖伸直；腰部尽量不要弯曲，两手前伸，碰触脚尖，最好能够在膝盖伸直、腰部伸直的情况下用面部碰触膝盖（见图 5-9）。

图 5-9　坐位体前屈

2. 屈膝正压：主要练习膝盖后侧及小腿后侧韧带。具体方法：一只腿向前伸直，另一只用脚踝压住直腿的膝盖上部。腰部尽量伸直，向下尽量贴近直腿的膝盖。手臂前伸，尽量完整地抓住脚掌。注意直腿的脚尖回勾，另一只腿要压住直腿的膝盖，使膝盖伸直没有弯曲。左右腿交替进行（见图 5-10）。

图 5-10　屈膝正压

3.屈膝抱腿:主要练习胯部及大腿后侧韧带。具体方法:一只腿向前伸直,另一只腿弯曲横于胸前,双臂抱紧弯曲的腿,将腿向胸部贴近。左右腿交替进行(见图 5-11)。

图 5-11　屈膝抱腿

4.直腿上伸:加强练习大腿后侧的韧带。具体方法:一只腿向前伸直,另一只腿向前上方伸直。可用一只手抓住脚后跟部位,协助在上方的腿更加贴近自己的上身。上身尽量保持直立不要向后倒(见图 5-12)。

5.直腿侧伸:在图 5-12 的基础上增加对小腿韧带及胯部柔韧性的练习。具体方法:一只腿向前伸直,另一只尽量张开,向侧上方伸直。保持两只腿的膝盖均伸直不要弯曲,角度尽量张开至最大。用手辅助腿张开最大角度,脚尖均回勾(见图 5-13)。

图 5-12　直腿上伸

图 5-13　直腿侧伸

6.屈膝斜压:主要练习膝盖后侧及大腿内侧韧带。具体方法:一只腿向后弯曲,大小腿夹紧,另一只腿伸直,两大腿之间的角度越大越好;腰部伸直,上身向两腿之间的方向下压。手臂伸直,向前伸展。尽量用脸部去贴近地面。左右腿交替进行(见图 5-14)。

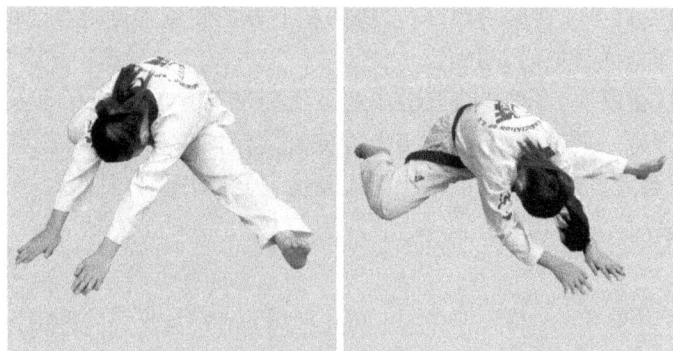

图 5-14　屈膝斜压

7.盘腿震膝与下压:初步打开胯部的柔韧性。具体方法:脚掌相对,靠近臀部,双手握住自己的脚踝,膝盖有节奏地上下振动,向下振动时最好能够贴在地面上。在上面步骤的基础上进一步锻炼胯部、腰部的柔韧性。具体方法:脚掌对脚掌,靠近臀部,膝盖压至离地面最近,上身保持腰部伸直,向下靠。最好能够使脸部贴近地面。双手向前伸直。必要时可以请同伴协助用双手压住两腿膝盖,上身靠在自己身上完成此动作。或者两脚站在被压者两膝关节内侧上,用手将被压者肩部往地面方向推(见图5-15)。

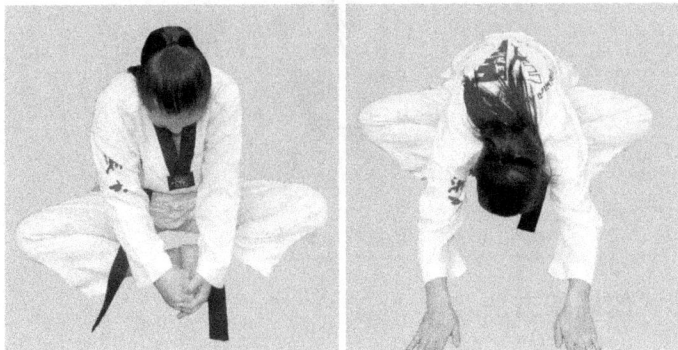

图 5-15　盘腿下压

8.竖叉:主要用来练习大腿前后侧和髋部柔韧性。具体方法:两腿前后分开成一条直线,前腿的脚后跟、小腿腓肠肌和大腿后肌群压紧地面,脚尖勾紧上翘,正对上方;后腿的脚背、膝盖和股四头肌压紧地面,脚尖指向正后方;髋关节摆正与两腿垂直,臀部压紧地面,上体正直。可做上体前俯,压紧前面腿的前俯压振动作,亦可做上体后屈的向后压振动作,增大动作难度和拉伸幅度,动作幅度由小到大,逐渐用力(见图5-16)。

图 5-16　竖叉

9.横叉:主要用来练习大腿内后侧和胯关节柔韧性。具体方法:两腿左右一字伸开,两手可辅助支撑;两腿的小腿后侧着地,压紧地面,两脚的脚跟着地,两脚尖向左右侧伸

展或勾紧,胯充分打开,成一字形。可上体前俯拉长腿后侧肌肉并充分拉开胯;亦可上体向左右侧倒,充分拉长大腿内后侧肌肉并增大胯的活动幅度(见图5-17)。

图 5-17　横叉

二、被动形式的训练方法

被动柔韧性是练习者被动用力(或借助外力)时,关节所能达到的最大活动幅度,如压腿、扳腿等练习。被动柔韧性练习是发展主动柔韧性的基础。

(1)腿部和髋部的主要练习方法多采用各种形式的扳腿。同伴握紧自己的脚,做正扳、侧扳、后扳等助力拉伸动作(见图5-18),也可采用各种形式的按和踩的方法。如进行横叉或竖叉练习时,同伴或教练员可利用脚踩或手按练习者髋部的办法,助其达到伸拉的目的。

图 5-18　正扳、侧板

(2)腰部的被动练习法主要是利用压桥法。同伴或教练用自己的双脚顶住或踩住练习者的双脚,用双手拉住练习者双臂或双肩,用力使练习者的双肩后部尽量靠近两脚跟,使练习者的腰椎关节得到完全伸展和收缩,增强腰部的柔韧性。

四、发展柔韧素质的要求和注意事项

(1)柔韧性训练前应充分做好热身准备活动。肌肉的伸展与肌肉的温度成正比,通过准备活动,提高肌肉的温度,降低肌内部的黏滞性,提高肌细胞的兴奋程度,有利于肌肉被拉长。韧带具有同样的特点,因而必须先做好热身准备活动,再进行柔韧性训练。

(2)根据跆拳道竞技运动的特点,要以发展腰髋和下肢柔韧素质为主,还要发展全面的身体柔韧素质。同时,要控制好柔韧性的发展水平,根据人体的生理解剖特点和规律,进行合理有效地训练。不要过分地进行柔韧性训练,特别是超过人体解剖结构限制的练习最好不要采用,否则不仅不会取得训练成绩,反而对练习者造成伤害。

(3)柔韧性练习要经常进行,持之以恒。柔韧素质较其他素质容易发展,也容易消退,因此,必须经常练习。柔韧性练习要安排在合适的时间,一般可在基本部分的最后阶段训练课后进行;也可以在力量训练和速度训练之间穿插柔韧练习,这样不仅能调节训练形式,而且可以收到良好的训练效果。

(4)随着柔韧性水平的提高,柔韧训练的强度和难度要逐步加大,但不能急于求成,要遵循循序渐进的原则。特别是在被动性练习时,更应小心谨慎,被压一方一定要放松,帮助一方要慢慢加力,不能一下过猛,千万不要出现被动拉伤或撕裂现象,否则会得不偿失,甚至影响整个训练的继续进行。

(5)主动练习和被动练习协调进行,两者相互弥补、相互促进、共同提高。

第七节　跆拳道的耐力素质训练

由于跆拳道竞技是一项集各项运动素质于一体的综合性运动项目,对耐力素质同样具有相当高的要求。跆拳道的正式比赛一场为3回合制,每回合2分钟,而且,每次比赛同一级别的场次都要集中在1天内打完,要拿到冠军最少要打五六场的比赛。所以,对于一个运动员来说,耐力素质极其重要的。这里面包括速度耐力,即每场比赛自始至终都要有充沛的体力,保证在比赛中正常地发挥和有效地运用技术和战术。同时,也包括力量耐力,即必须具备长时间激烈的对抗中有效地打击和防御对手的能力。而且,这些耐力至少要保持到整个比赛结束,否则,就不会取得比赛的最后胜利。

一、有氧耐力训练

主要采用强度小、负荷时间长的各种练习方法。跆拳道训练中常采用的具体方法和手段包括以下几种:

(1)4000～10000米匀速跑。心率控制在150次/分左右,保持匀速跑完全程。

(2)越野跑。利用公园、山川或环境较好的地方进行 30 分钟以上的越野跑,心率控制在 150 次/分左右。利用环境调节心情,降低疲劳感。

(3)10 分钟跳绳。利用跳绳进行耐力练习。在 10 分钟内保持跳动频率不变,但可变换跳动方式,进行单脚跳、双脚跳、高抬腿跳、双摇跳。

(4)10 分钟组合踢法动作练习。连续 10 分钟进行运动员已掌握的技术组合练习,既提高动作的熟练程度,又练习耐力素质。

(5)三对一或四对一的车轮战。练习者与 3 位或 4 位陪练逐一对抗。但限定强度和力度,每人 2 分钟,进行一轮次或两轮次有条件的实战练习。

二、无氧耐力训练

无氧耐力训练即采用负荷时间短、练习密度大、间歇时间短的练习方法,专门训练时,常利用以下几种方法和手段:

(1)30 米、60 米、100 米冲刺跑。

(2)400 米、800 米变速跑。

(3)跳木马提膝,左、右侧滑步扶地。

(4)两人一组脚靶练习。

(5)左右横踢 50 次(中、高)。

(6)左两次、右两次横踢 30 次(中、高)。

(7)单腿横踢(50 次、40 次、30 次、20 次、10 次)递减法(中、高)。

(8)跳踢(50 次、40 次、30 次、20 次、10 次)递减法。

三、三人组脚靶练习

(1)横踢(前、后腿)(中、高各 10 次)。

(2)劈腿(前、后腿各 30 次)。

(3)后踢(20 次)。

(4)后旋踢(20-次)。

(5)旋风踢(360°横踢)(20 次)。

(6)双飞踢(20 次)。

(7)模拟实战。

(8)移动靶(20~30 秒)×6 组,间歇 15 秒;间歇 1 分钟,共做 2~4 大组。

(9)1 分钟×4 组,两人循环无间歇;40 秒×4 组,两人循环无间歇。

(10)车轮战:采用实战或条件性实战,由练习者一人连续打 3~5 局,每打一局换一名体力充沛的同伴,局间休息 1 分钟。

四、耐力素质训练的要求和注意事项

(1)根据练习任务的要求,科学地安排练习的运动量、强度、重复次数、间歇时间和间歇方式。

(2)根据跆拳道运动员的耐力肌有力量性的特点,增加力量练习的次数是增加肌肉耐力的一个有效方法。

(3)根据跆拳道比赛时间长、强度大、对抗竞争激烈的特点和运动员的身体训练水平,科学地安排有氧耐力和无氧耐力的训练,并使无氧耐力训练尽可能地结合专项进行。

(4)耐力训练不仅是身体方面的训练,也是意志品质的培养过程。因此,在耐力训练中除采用多种多样的训练手段外,还要注意培养运动员吃苦耐劳、坚韧不拔的意志品质。

第八节 跆拳道的灵敏、协调素质训练

跆拳道的灵敏、协调素质,是指在各种复杂变化的条件下运动员迅速、合理、敏捷、协调地完成各种动作的能力;灵敏协调素质是其他各种运动素质的综合体现。它有助于提高运动员的反应、起动、变换方向的速度,并能更快更有效合理地掌握各种复杂战术。因此,跆拳道的灵敏、协调素质对于比赛十分重要,这是在复杂多变的环境因素中,不能事先预料而运用技术的关键素质,是比赛取胜的基础。

一、灵敏、协调素质的训练方法

1.听信号完成动作:盘腿坐(前、后)、跪下(前、后)听信号快速起立跑到指定位置。

2.腿部组合练习:单、双腿跳物,前后分腿跳,并步前踢跳—左、右分腿跳+后屈膝跳+前屈膝跳。采用每次一个动作另一个动作循环跳动,通过变换不同动作,练习灵敏性和协调性。

3.跑的专门练习法:一般采用曲线跑、穿梭跑和信号应答跑进行练习。前两种方法的主要目的是练习动作的灵敏性和协调性,后一种方法是在反应速度的基础上,判断信号指令,再进行灵敏和协调练习。例如:教练员发令,跳(分腿前后和左右各1次)、跨(分腿跨越障碍)、踢(完成进攻踢法2种),运动员听到命令后快速完成上述不同指令动作。

4.步法练习法:利用各种步法进行灵敏性和协调性练习,设立许多障碍,练习步法的变化和移动。

5.踢法动作的组合练习法:将不同性质的踢法动作组合,练习灵敏性和协调性,例如:左右横踢+下劈+旋风踢(素质靶练习);将不同用力方向和动作方向的动作组合在

一起,如两名辅助拿靶者站踢靶者两边,踢靶者可以用横踢、双飞、下劈等腿法两边回来踢(也可以多人辅助拿靶踢)。既练习技术组合,又练习动作的灵敏性和协调性。

第九节　跆拳道的速度素质训练

速度素质在跆拳道诸多素质中占有很重要的地位,特别是在跆拳道的比赛中,速度素质显得尤为重要。比赛时速度素质中的反应速度、动作速度以及动作速率,通过具体的攻防动作和战术意图综合表现出来。要想取得比赛的胜利,就要求运动员在高度紧张和繁杂的对抗中,最大限度地表现出速度的各项素质。因此,跆拳道速度素质的训练,就是利用具体有效的各种方法和手段,使人体速度素质的各项潜能被充分激发,速度素质达到尽可能完善的程度,从而提高技术和战术的运用效果,争取比赛的胜利。速度素质训练的重点是要提高反应速度和动作速度,训练过程中要充分了解速度训练的具体要求和注意事项。

一、反应速度的训练

1.简单动作反应速度的训练

即按动作的技术规格要求进行单个或简易组合动作的训练。简单动作反应速度的提高,主要取决于运动员对动作熟练的程度,提高跆拳道简单动作反应速度。

2.听信号后进行快速反应

例如,随同伴击掌的声音,迅速做出具体动作(如横踢等),或听信号后进行前进退跑、扶地转身往返跑等练习。根据教练或同伴做出的进攻动作,迅速做出防守反击或直接反击动作。例如,对方用摆踢向你进攻,你迅速利用跳换步接后踢反击。当教练或同伴在不同高度和不同部位亮出脚靶时,便要快速反应判断,利用适当的方法快速进攻。随着训练时间的增加和反应速度的巩固与提高,就可进入专门训练阶段。专门训练时采用两种具体手段:分解法和变换法。分解法即在较容易完成动作的条件下,通过提高分解动作速度来提高反应速度。如练习左臂内格挡防守,接跳换步右后踢反击的动作组合,训练时先练右势站立用左臂向内格挡防守连续顺势跳换成左势站立,然后再练习左势站位实战姿势向右后转体用右脚后踢的反击动作,以提高两部分动作的速度。变换法是指根据动作的强度,用具有时间变化的信号刺激,明显改变练习形式(如环境),来提高简单动作反应速度,如临近比赛时的条件性实战以及通过消除运动员心理障碍等方法来提高简单反应速度的训练方法均属此列。

3.复杂动作反应速度的训练

跆拳道比赛攻防激烈,瞬息万变,对于复杂动作的反应速度有着更高的要求。而且,

它与技术、战术训练密不可分。因此复杂动作反应速度的训练最重要、最有效的方法，就是通过条件实战，如实战和参加邀请赛、对抗赛、友谊赛，甚至正式比赛去具体完成训练任务。因为只有在实战中特别是在比赛中，才能发现问题，而且，选择的动作是否正确、有效，只有在实战运用中才能得到证实。因此，根据教练员事先设计好的训练意图，进行实战对抗和比赛，在对抗中练习掌握复杂动作的速度和时机，从而提高复杂动作的反应速度，是高水平运动员训练所必须掌握的方法之一。在有目的地发展复杂反应速度的专门训练中，尽可能根据或模拟跆拳道比赛中产生复杂反应的条件和类似的形式，让运动员反复适应后使反应时间缩短。由于复杂动作反应速度的转移范围较广泛，因而应采用多种形式的专门练习，以稳定其反应速度，缩短反应时间。

二、动作速度的训练

动作速度是一个模糊的概念，因为单纯的动作速度是不存在的。我们在实践中所观察到的动作速度，实际上是由运动的物体或人体的其他能力，如力量、协调、耐力、技术等因素，加上速度素质来决定的。所以，动作速度的训练与其他运动素质的训练、技术训练有密切的联系。要培养动作速度，就必须有目的地发展相应的运动能力，这是动作速度训练的特殊之处。同时，由于速度素质具有不易转移的特点，因此，在动作速度的训练过程中，训练的任务和内容必须明确，否则将收不到良好效果。另外动作速度的提高，必须与速度耐力的提高结合起来，实战中运动员不仅仅是快速完成动作，而且还要把这种能力保持到比赛的结束。因此，动作速度的速度耐力训练是非常重要的。在跆拳道的动作速度训练中，为了坚持上述训练原则和方法，通常采用多种形式的方法和手段进行，并围绕提高动作速度做一些相关的和专门性的动作速度训练。

1. 利用冲刺跑和中高速跑练习动作速度

速度练习，包含从静止到最大速度的疾跑阶段，这是提高速度的最重要前提。因而利用 30 米、50 米、100 米跑练习加速度和冲刺感觉，利用 200 米、300 米、400 米跑体会持续高速度状态下的速度耐力的本体感觉，会对提高动作速度提供最直接的身体感觉。这种感觉在跆拳道的对抗中，主要体现在利用步法而快硬动作的速度，提高动作的加速度，既加快了动作本身的速度，又增加了技术运用的打击力度和效果，因而被经常采用。在专门性训练时，可将带有转体、进步接做各种技术动作和组合反复训练，会提高完成动作速度和击打力度。例如将转体后旋踢的动作，结合身体加速时个体感觉，把最快速度和最大力度体现在最后用力上，从而提高后旋踢的动作速度和击打力度。

2. 利用下坡跑、加速跑和后蹬跑练习不同状况下的动作速度

跆拳道的比赛是瞬息万变的，因而练习在不同状况下完成动作的速度是非常重要的。在进行专门练习时，可采用将不同特点的两三个动作或组合连续运用的方法，提高完成不同动作的速率。例如，做左横踢＋右横踢＋转身左后旋踢组合，接着做腾空左前

劈腿＋右侧踢组合,将原地的、旋转和腾空的动作结合起来,熟练后会提高不同形式动作的单个速串和变化速度,从根本上提高动作的速度。

3.利用阻力后获得发展动作速度

增加阻力做动作,然后去掉阻力做原来的动作。例如:腿上绑上皮条,做踢腿练习,或者绑上小沙包踢连击动作。

三、发展速度素质的要求和注意事项

(1)队员尽量以快的速度按规格要求完成动作。

(2)采用的技术动作必须是练习者已熟练掌握、形成定型的动作。

(3)练习的持续时间一般不超过1分钟,以30秒一组为宜。

(4)专门性的动作速度练习与比赛的动作结构相似,从实战角度进行训练。

(5)利用重物进行专门动作速度练习时,培养单纯力量时的重物的比例重量比速度力量的重量要小。

(6)严格掌握好练习的间歇时间和休息方式。间歇的时间在保证后一次练习完成的速度在一定范围内不低于前一次,一般为5～8分钟。休息方式以积极性休息为主,做一些简单的模仿和想象动作,但不用力。

(7)由于速度练习具有极限强度,因此量不宜大。

第十节　跆拳道运动健身水平评价

一、初级水平评价

1.学习目标

通过跆拳道初级内容的学习,初步了解跆拳道的竞赛规则,对跆拳道运动的"步法、腿法、手法和品势套路"有初步的认识,为以后更难的跆拳道技术动作打下扎实的基础与功力,能参与到实战对抗中。

2.练习评价

一般情况下跆拳道初学者的理论知识不够深入和全面,刚开始协调性、灵敏度反应能力较差,柔韧性普遍不够,故初学者刚开始会不太适应。但经过一段时间的练习,由浅入深,循序渐进地进入佳境,正确地认识跆拳道对大学生的健身价值,能主动地、自觉地参与到跆拳道的练习中去。

达到跆拳道初级水平的要求,需熟练掌握的最基本的腿法、步法、手法、品势套路有:

(1)实战步法:实战准备姿势、换势、站位形式、前滑步、后滑步、上步、撤步、前交叉

步、后交叉步；

（2）腿法：前踢、横踢、下劈及组合腿法；

（3）品势基本式站姿：并步、并排步、马步、弓步；

（4）手法：下格挡、中位内格挡、上格挡、直拳；

（5）品势套路：太极一章至二章等。

掌握以上内容，基本能通过跆拳道九级至七级的等级考试。参考中国跆协的考级内容，初级阶段考级内容如下：

表 5-4　初级阶段考级内容

等　级	考级内容
白黄带 （九级）	基本礼仪：进道馆礼仪、鞠躬方法、道服穿着等
	基本动作：a. 基本准备姿势，基本踢腿准备姿势 　　　　　b. 马步冲拳一次、两次、三次（配合发声）
	基本拳法、上踢腿法（配合发声）
	跆拳道基本国际用语
黄带 （八级）	基本动作：走步，弓步，下格挡，中内格挡，上格挡
	腿法：a. 前踢（配合发声） 　　　b. 左右前踢组合（配合发声）（抽查）
	体能：a. 双腿踢膝（左右各 10 次） 　　　b. 俯卧撑（男 10 个、女 6 个） 　　　c. 仰卧起坐（男 15 个、女 8 个）
	品势：太极一章必考
黄绿带 （七级）	柔韧：横、左右竖叉（抽查）
	基本动作：行进间弓步上位正拳
	基本腿法：a. 横踢（配合发声） 　　　　　b. 下劈（配合发声） 　　　　　c. 横踢＋高位横踢（左右各 2 次、配合发声）
	体能：a. 两头起（男 15 个、女 10 个） 　　　b. 背肌（男 20 个、女 10 个） 　　　c. 俯卧撑（男 15 个、女 10 个） 　　　d. 每腿两次左右提膝（各 10 次）
	太极二章必考

注：本考试内容为晋级最低标准要求。

二、中级水平评价

1.学习目标

通过跆拳道中级内容的学习,深入了解跆拳道的竞赛规则,要求跆拳道练习者在初级水平的基础上对跆拳道更进一步的认识与提高,掌握更多的"腿法、步法、手法和品势",能把所学的腿法、步法运用到实战对抗中,能参加校级跆拳道比赛。在各种动作的表现力上,更加协调、完美。

2.练习评价

通过跆拳道初级水平入门阶段的学习,练习者有了一定的基础,在进入跆拳道中级阶段后,协调性、速度、灵敏度、柔韧度等有了一定基础,能很好地控制好身体重心的位移,学习新动作与转身动作更是得心应手。

达到跆拳道中级水平的要求,需熟练掌握最基本的步法、腿法、手法、品势套路有:

(1)基本步法:带步、侧移步、弧形步;

(2)腿法:推踢、后踢、侧踢、双飞及组合腿法;

(3)品势基本式站姿:三七步、左右站姿;

(4)手法:中位外格挡、单手刀中位外格挡、直拳侧击、掌肘对击、肘上击、平手尖刺、手刀中位格挡、燕子手刀颈部攻击;

(5)品势套路:太极三章、四章、五章。

掌握以上内容,基本能通过跆拳道六级至四级的等级考试。参考中国跆协的考级内容,中级阶段考级内容如下:

表 5-5

等 级	考级内容
绿带 (六级)	柔韧:左右竖叉、横叉(抽查)
	基本动作:行进间三七步单手刀中位外格挡(左右各 2 次)
	腿法:a.前腿横踢(配合发声); 　　　b.前腿下劈(配合发声); 　　　c.侧踢(配合发声)
	体能:a.两头起(男 20 个、女 12 个); 　　　b.拳卧撑(男 10 个、女 5 个); 　　　c.立卧撑跳(男 15 个、女 10 个)
	品势:太极三章必考,太极一至二章中抽考一章

等　级	考级内容
绿蓝带 （五级）	柔韧：左右竖叉、横叉
	基本动作：a.弓步平手尖刺击（左右各 2 次） 　　　　　b.弓步燕子手刀颈部攻击（左右各 2 次）
	腿法：a.双飞踢（配合发声） 　　　b.前旋踢（配合发声） 　　　c.横踢＋双飞（配合发声）
	体能：a.抱膝跳（男 15 个、女 10 个） 　　　b.拳卧撑（男 15 个、女 6 个） 　　　c.快速转身左右横踢脚靶（左右各 4 次、配合发声）
	品势：太极四章必考，太极一至三章中抽考一章
蓝带 （四级）	柔韧：左右竖叉、横叉
	基本动作：下格挡＋下锤拳（左右各 2 次）
	腿法：a.后踢（配合发声） 　　　b.横踢＋后踢（配合发声） 　　　c.原地腾空后踢（左配合发声）
	体能：a.拳卧撑夹臂（男 15 个、女 8 个） 　　　b.单腿快速横踢脚靶（男 20 个、女 15 个）
	品势：太极五章必考，太极一至四章中抽考一章

注：本考试内容为晋级最低标准要求

三、高级水平评价

1.学习目标

通过高级跆拳道的学习,熟练掌握跆拳道的竞赛规则。要求技术动作全面,掌握所有跆拳道的"腿法、步法、手法和品势",在实战中能熟练运用各种步法和腿法,灵活运用各种技战术并达到一定的竞赛组织能力。在品势的表现力上有更高层次的提炼与展示。

2.练习评价

通过跆拳道初、中级阶段的练习与巩固,到了跆拳道高级阶段,基本功已基本练习成型,技术要求也有了新的定义,品势技术动作的演练越发显功力;在竞技实战中快、准、狠的特点全面展开,能参与到校级跆拳道比赛或更高一级的比赛中去,了解跆拳道的裁判法,能担任跆拳道的裁判工作。

达到跆拳道高级水平要求,需熟练掌握最基本的实战技术、腿法、步法、手法、品势套路有:

（1）实战技术：防守、假动作、距离、战机、节奏、空间原理、判断与预测；

（2）腿法：勾踢、旋风踢、后旋踢及组合腿法；

（3）品势基本式站姿：前后交叉步、虎步；

（4）手法：单手刀上位斜外格挡、剪刀格挡；

（5）品势套路：太极六章至八章的动作及线路图。

掌握以上内容，基本能顺利通过跆拳道三级至一级的等级考试。参考中国跆协的考级内容，高级阶段考级内容如下：

表 5-6

等　级	考级内容
蓝红带 （三级）	柔韧：左右竖叉、横叉
	基本动作：行进间单手刀上位斜外格挡（左右各 2 次） 拳法：直拳击靶
	腿法：a.360°横踢（配合发声） 　　　b.横踢＋360°横踢（配合发声） 　　　c.三飞踢（配合发声）
	体能：a.立卧跳转体 360°（男 10 个、女 8 个） 　　　b.双腿腾空左右分腿拍脚（男 10 个、女 8 个）
	品势：太极七章必考，太极一章至六章中抽考一章
红带 （二级）	柔韧：左右竖叉、横叉
	基本动作：行进间虎步、单手掌中位内格挡（左右 2 次）
	腿法：a.后旋踢（配合发声） 　　　b.任意组合腿法（男 3 种、女 3 种） 　　　c.360°横踢＋后旋踢（配合发声）（抽查） 　　　d.横踢＋后旋踢（配合发声）（抽查）
	体能：a.俯卧撑击掌（男 8 个、女 5 个） 　　　b.双腿腾空前向前双拍脚＋分腿拍脚（男 5 组、女 4 组） 　　　c.指卧撑（男 8 次、女 4 次）
	实战：2 分钟一回合
	理论：裁判规则、技术理论答疑（抽查）
	品势：太极七章必考，太极一至六章中抽考一章

续表

等　级	考级内容
红黑带 （一级）	基本动作:外山势格挡(左右各 4 次)
	腿法:a.横踢＋360°横踢＋后旋踢 　　　b.横踢＋双飞＋后踢 　　　c.腾空后旋踢
	击破:a.腾空二段前踢(男 3 块、女 2 块)(1cm 厚度跆拳道木板) 　　　b.360°横踢(男 3 块、女 2 块)(1cm 厚度跆拳道木板)(抽查)
	实战:2 分钟一回合
	理论:裁判规则、技术理论答疑(抽查)
	品势:太极八章必考,太极一至七章中抽考一章

注:本考试内容为晋级最低标准要求

★ 知识拓展

跆拳道练习的要诀

　　练习跆拳道需要科学的方法,不是单纯地靠努力就能提高技术和发挥力量的。当然,得到优秀教练的指导能事半功倍,迅速提高技术。下面是为了有效地练习跆拳道需要掌握的要诀:

　　1.要彻底研究和掌握力学的原理。

　　2.要透彻地掌握各种动作的目的。

　　3.要正确选择攻击的部位,即要害部位。

　　4.视线和呼吸以及手脚的动作要同时进行。

　　5.除了连续的动作之外,完成每个动作的瞬间要瞬时呼气。

　　6.防守和攻击时要保持正确的角度和距离。

　　7.进行动作时要适度地弯曲和伸直膝关节和肘关节。

　　8.除了特殊情况之外,任何动作都要运用反作用力的拉动。

　　9.所有的移动要按正弦曲线进行,要灵活运用膝关节。

　　10.一旦开始进行动作决不能中途停止。

第六章　跆拳道运动安全

跆拳道运动相对于其他格斗项目,其安全系数相对较高。但只要是运动项目,如果运动不当就会产生安全隐患。这就需要我们用科学锻炼的知识指导实践,提高运动损伤意识、提高训练水平,重视对急性损伤的及时处理是减少损伤发生的重要方法,从而达到享受跆拳道乐趣与锻炼的目的。

本章内容主要掌握跆拳道运动如何预防损伤和处理,如何避免跆拳道运动修炼中受伤,进行科学有效的体育锻炼。

第一节　跆拳道运动损伤的预防

从预防运动损伤的观点来看,造成运动损伤的原因从内外因角度分有内在因素和外部因素。其内在因素是指练习者的自身素质,如身体条件和心理素质等等;外部因素是指训练或比赛方法及现场自然环境、人工环境等。运动损伤往往是一个复合的因素所造成,从预防损伤发生的角度看,必须了解和掌握可能造成损伤发生的相关因素。

一、调节身体处于良好竞技状态

运动员自身对运动损伤的防范心理与提高自身技术水平、体力、调整竞争心理状态同样重要。

1. 肌力训练

肌肉力量不够、协同或拮抗肌群肌力的不平衡,常常会造成损伤。

2. 准备活动和放松运动

训练和比赛前的准备活动十分重要,它不但能使基础体温提高、深部肌肉的血液循环增加、肌肉的应激性增强、关节柔软性增大,还能调整赛前心理,减轻紧张感和压力感。在训练或比赛前,必须安排20～30分钟的准备活动,内容包括跑步、关节操、拉韧带等。有些跆拳道运动员或锻炼者忽视赛前的准备运动,很容易发生肌肉撕裂、跟腱断裂、腰痛等情况。准备活动时间的长短应根据当日运动员的状态加以调整。正式比赛和平时训练前准备活动的强度也不同。准备活动的项目包括基础部分和参加比赛时的特殊部分。

放松运动是指在剧烈运动后通过放松运动使体温、心率、呼吸、肌肉的应激反应恢复到平时状态。从预防损伤的角度来看,这同赛前的准备运动一样重要。要使心率降低到安静时的水平,呼吸恢复到训练前的频率。根据不同内容的训练进行不同内容的放松运动(如训练完马上进行牵拉、按摩等),可防止在运动后出现肌肉酸痛以及损伤,而且对消除精神压力也有很大的作用。

3.自身保护

除了认真做好准备活动和放松运动外,也应该了解和懂得初步处理训练后肌肉酸痛、关节不适等的方法。早期可做温水浴、物理疗法、自身按摩。如果疼痛继续甚至加重时,应该去专门医疗机构进行诊断治疗。

二、建立良好的安全环境

跆拳道训练时的器具、设备、场地等周围环境,在训练和比赛前都应进行严格的安全检查。在高低不平的软垫上训练易发生踝关节的扭伤;运动员护具的大小应该适合运动员的身材体型;为防止损伤,运动员的项链、耳环等锐利物品在训练时都不准佩戴。运动鞋应根据足的大小和足弓的高低选择,通常要求平底,鞋底有一定厚度和柔软性。光脚训练应在垫子的保护下或确认场地内无尖锐的玻璃、金属、钉类等物品的前提下进行。

护具的使用可使运动损伤的发生率大大降低,但如果护具质量低劣、不合自身的身材或者已有破损,其防护功能会受到影响。防护器材主要保护的部位包括头颅、耳、颈部、肾区、两肋、胸部、裆部等,也包括肌肉少的关节、大腿前部、牙齿等部位。还有容易受到冲撞和打击的部位。同时,运动员在训练时应该养成使用护具的习惯。

三、科学的训练手段

跆拳道教学和训练方法要遵循科学的训练原则和跆拳道特点,要掌握正确的训练方法和运动技术。对于不同性别、不同年龄、不同水平及健康状况的人,训练时在运动量的安排上应因人而异、循序渐进、科学的安排运动负荷,教练员和教师应合理地制订训练计划和教学计划。例如,年龄小的学员在训练内容上,应把全面身体训练和专项身体训练结合起来,并以全面身体训练为主;在运动量的安排上应考虑到他们的生理特点,与成年人比较起来训练时间要短些,强度、密度要小些。

四、加强易伤部位训练

加强易伤部位和相对较弱部位的训练,提高它们的机体功能,是预防运动损伤的一种积极手段。根据不同部位进行针对性训练,例如,为了预防膝关节损伤,应主要加强股四头肌的力量训练,并对膝关节周围韧带进行静力对抗训练,增强其协调性和拮抗的平衡性。

五、加强医务监督

加强医务监督是预防运动损伤的重要措施之一,通过医务监督,对运动员和学生的各项生理、生化指标等进行监控,对运动员进行准确的评价,可以让教练员准确了解运动员情况,合理安排训练。同时,运动员了解自身情况,及时调整,保证处于机能良好水平。

第二节　跆拳道训练运动损伤及处理

运动损伤是指在运动过程中发生的各种损伤。跆拳道锻炼者和运动员要对下述情况有充分的认识,以提高运动损伤的预防水平。

一、开放性软组织损伤

1. 擦伤

机体表面与粗糙物体相互摩擦而引起的皮肤表层损害,称为擦伤。擦伤是跆拳道运动中最轻,也是最常见的一种开放性损伤。运动员在训练中被护具、脚靶擦伤或摔倒时的擦伤最为多见。

处理方法:根据擦伤的情况不同,处理方法也不同。擦伤的情况一般有两种:第一种,小面积、表皮、无异物污染的皮肤擦伤。这种情况处理的方法是:先用生理盐水消毒,局部涂抹 2% 的红汞药水或 1%～2% 的甲紫药水,不必包扎。但关节附近的擦伤不宜采取干燥暴露法治疗,因为关节的运动易使伤口干裂,从而既影响运动又易感染。可采用 5%～10% 的磺胺软膏或青霉素软膏进行涂抹。第二种,对于面积较大、污染较严重的伤口,先将异物彻底清除,再用凡士林纱布敷盖伤口,由医生清创后,还要使用抗菌药物和注射破伤风抗毒血清。

2. 撕裂伤

跆拳道运动中常见的撕裂伤有眉弓部的撕裂和前额、唇部的撕裂伤。上述情况多发于实战或比赛中。

处理方法:损伤发生后,为了继续比赛,可先用生理盐水进行冲洗,再用肾上腺素液棉球压迫止血,然后用粘胶封合。比赛结束后到医院进行清创缝合、抗感染及预防破伤风治疗。

3. 鼻子出血

鼻子出血一般是由于实战中鼻子受到击打以及身体的碰撞造成的。

处理方法:当损伤发生时,可用食指、拇指在鼻翼外面相对压迫,用口呼吸,一般数分

钟内可以止血。也可以将消过毒的脱脂棉球塞进出血鼻孔内,再在鼻翼外稍加压迫。另外,在前额部进行冷敷。

二、闭合性软组织损伤

挫伤、肌肉拉伤、扭伤等均属于闭合性软组织损伤。

1.挫伤

肢体各部位被对方击中时都可能发生挫伤。跆拳道运动中较易发生挫伤的部位有大腿、小腿、胸部、头部、睾丸等。挫伤可分为单纯性的损伤和复杂性的损伤两种。单纯性的损伤是指挫伤后的出血点可为瘀点、瘀斑及皮下组织局限性积血(血肿),挫伤重者疼痛和功能障碍较明显。复杂性的损伤较为严重,如头部挫伤后轻者可发生脑震荡,严重者可造成颅骨骨折,甚至危及生命,睾丸的损伤严重时可因疼痛而导致休克。

处理方法:对于单纯性的挫伤,可以在伤后24或48小时以内进行止血、防肿、镇痛的处理。治疗方法可根据具体情况选用冷敷、加压包扎,一般先冷敷后加压包扎,两者也可以同时并用。对于复杂性的挫伤,如发生休克症状时,应首先进行抗休克处理,同时应及时送医院治疗。肌肉肌腱断裂者应先将肢体固定,并及时送医院。

2.扭伤

临床上外侧韧带损伤较为常见,由足部强力内翻引起。踝关节扭伤后,局部软组织(肌肉、血管及韧带)因暴力损伤而出血或渗血,使踝部肿胀疼痛,活动后症状会加重。如果此时按揉或热敷伤处,不但不能使血肿消退,反而会人为地加重患部的损伤,致使伤处血管扩张,增加出血量,使伤情进一步恶化。在跆拳道初学者中,踝关节的扭伤也比较常见。

处理方法:受伤后应马上进行冷敷,将冷水浸泡过的毛巾放于伤部,每3分钟左右更换一次,也可以用冰块装入塑料袋内进行外敷,每次20~30分钟。冬季则可用自来水冲洗,冲洗时间一般为5~8分钟左右,不宜太长;24小时后适当涂抹扶他林软膏、云南白药喷雾以缓解病痛。卧床休息两周以上;严重时去医院拍X片,看有没有伤着骨头;24~48小时后可以将热水或热醋浸泡过的毛巾放于伤处,5~10分钟后毛巾已无热感时进行更换。每天进行1~2次,每次热敷约30分钟即可。

3.肌肉拉伤

当肌肉主动收缩超过了负担能力或被动拉长超过了伸展性时,就会造成肌肉细微损伤、肌肉部分撕裂或完全撕裂,这称为肌肉拉伤。跆拳道运动中常见的肌肉拉伤是大腿后群屈肌的肌肉拉伤,如做下劈踢打靶用力过猛而又踢空时,较易发生腘绳肌起点或肌腹部的拉伤。另外,训练前准备活动不充分,或长时间训练和连续比赛,疲劳积累,这些情况如不注意都会造成肌肉拉伤,严重时可导致肌肉断裂。

处理方法:伤后应该立即冷敷、局部加压包扎、抬高伤肢,轻者针灸或24小时后进行

按摩。肌纤维部分断裂者，48小时以后再进行按摩，但按摩的手法要轻缓。对怀疑有肌肉或肌腱完全断裂者，应固定伤肢并加压包扎，送医院治疗。

4.膝关节急性损伤

膝关节由股骨、胫骨、髌骨、腓骨组成，膝关节的稳定性靠周围的肌肉和肌腱，内、外侧副韧带，前后十字交叉韧带以及内外侧半月板来维持。跆拳道运动员的损伤一般多发生在内侧副韧带、外侧副韧带和十字交叉韧带。

（1）侧副韧带损伤

侧副韧带损伤包括内侧副韧带损伤和外侧副韧带损伤两种。内侧副韧带损伤是当膝关节屈曲成130°～150°时，小腿突然外展外旋，或当足及小腿固定，大腿突然内收内旋，这种情况下都可能使内侧副韧带损伤。外侧副韧带损伤是当膝关节屈曲，小腿突然内收内旋或大腿突然外展外旋时，这种情况下较易发生外侧副韧带损伤。但由于外侧副韧带形如圆束并有股二头肌腱与髂胫束加固，所以受损伤的机会很小。

处理方法：轻微的侧副韧带损伤，疼痛较轻，肿胀不明显，无关节屈伸障碍时，将伤膝置于微屈位，停止活动2～3天，外敷活血止痛中药。3天后开始步行进行锻炼，并配以药物进行活血按摩治疗。按摩时由膝关节患处的远心端向近心端进行。严重的侧副韧带损伤或断裂者，受伤膝关节明显肿胀，患膝成半屈曲位，伸屈功能受限制，并且膝关节疼痛加剧。这种情况应立即进行加压包扎，再送专科医院进行治疗。

（2）十字韧带和半月板的损伤

十字韧带的损伤是由于膝关节半屈曲位时突然地旋转、内收、外展造成的。膝关节半屈曲位，小腿外展外旋或内收内旋时，两块半月板滑动不协调，就会使半月板受到急剧的研磨、碾、转而撕裂。半月板和十字韧带损伤后，当时就会有膝关节松活、软弱无力、不能正常持重行走等症状。这时应立即加压包扎送专科医院进行治疗。

预防方法：提高运动员的专项技术和动作水平，避免训练中下肢过度疲劳；加强股四头肌及小腿三头肌与腘绳肌的肌力训练，增强关节稳定性而又保持灵活；训练时注意力要集中，实战时要遵守比赛规则；避免因粗野的犯规动作而造成损伤。

5.急性腰部损伤

急性腰部损伤包括肌肉、韧带、筋膜及小关节的扭伤。当运动员做横踢动作，下肢动作快于躯干动作时，或运动员肌力不足时，均可造成腰部的急性损伤。

处理方法：发生急性腰部损伤时一般应卧床休息，仰卧于有垫子的木板床在腰部垫一薄枕，以便放松腰肌，也可与俯卧位相交替，避免受伤组织受牵扯，以利于机体自行修复。轻度扭伤者休息2～3天，较重者应立即送医院进行治疗。

预防方法：掌握正确的动作要领，提高腰、腹肌的协调性和反应能力，在进行力量练习时适当使用护腰带。

三、跆拳道急性软组织损伤的治疗原则

治疗的基本原则是按不同的病理过程进行处理,大致可分为早、中、后三个时期。

1. 早期

早期指伤后 24 或 48 小时以内,组织出血和局部急性炎症期。这一时期的处理原则主要是适当制动、止血、防肿、镇痛和减轻炎症。方法:伤后即刻冷敷,加压包扎,抬高伤肢,适当制动。加压包扎就是用适当厚度的棉花或海绵放于伤部,然后用绷带稍加压力进行包扎。加压包扎时一般先冷敷,后加压包扎,但也可两者同时并用。加压包扎 24 小时后即可拆除,再根据伤情做二次处理,如外敷中药,疼痛较重者服止痛片,瘀血较重者内服跌打药。

2. 中期

中期指伤后 24 或 48 小时后,出血已停止,急性炎症逐渐消退,但伤部仍有瘀血和肿胀,肉芽组织正在形成,组织正在修复。处理原则主要是改善伤部的血液和淋巴循环,促进组织代谢,促进瘀血与渗出液的吸收,加速再生修复。治疗方法可采用热疗、按摩、拔罐、药物治疗,同时应根据伤情进行适当的康复功能锻炼,以保持机体神经及肌肉的紧张度,维持已经建立起来的条件反射,以及各个器官与系统的反射性联系。

3. 后期

损伤基本自动修复,肿胀、压痛等局部征象已基本消失,但功能尚未完全恢复,锻炼时仍感疼痛、酸软无力。有些严重病例,由于粘连或疤痕收缩,出现伤部僵硬、活动受限等情况。此时的处理原则是增强和恢复肌肉、关节的功能。如有疤痕硬结和粘连,应设法使之软化、松解。治疗方法以按摩、理疗、功能锻炼为主,适当配以药物治疗。

四、骨折与关节脱位

1. 骨折

所谓骨折,就是骨的完整性遭到破坏。在跆拳道运动中,由于对抗性强,骨折是时有发生的。骨折分为开放性骨折、闭合性骨折和复杂性骨折三种情况。开放性骨折是指骨折端穿破皮肤,直接与外界相通,这种骨折极易感染发生骨髓炎和败血症。闭合性骨折是指骨折处皮肤完整,骨折端不与外界相通。复杂性骨折是指骨折后,骨折断端刺伤了重要组织、器官,可能发生严重的并发症。骨折发生后,除有疼痛、压痛、肿胀及皮下瘀血外,还有其特有征象,如阵痛、功能丧失、畸形等,还可能发生休克。

处理方法:对有出血和伤口者,应立即止血和保护伤口;对伴有休克者,再进行固定。固定前不能随意移动伤肢,为暴露伤口可剪开衣服、鞋、袜。对大腿、小腿和脊柱的骨折,应立即就地固定,骨折经初步处理后应立即送专科医院进行治疗。

2.关节脱位

关节脱位也称脱臼,是指关节面之间失去了正常的联系。关节脱位一般是由间接暴力所致。关节脱位还可以伴有关节囊撕裂、关节周围软组织损伤,严重时还可能伤及神经甚至伴有骨折。

处理方法:发生关节脱位时,在没有医生在场的情况下或不会整复技术时,不可随意乱动,以免加重关节周围的损伤。此时应立即用夹板和绷带在脱位所形成的姿势下固定伤肢,保持伤员安静,尽快送医院处理。

五、休克

休克是指人体在遭受体内、外各种强烈刺激后所发生的严重全身性的综合征,以急性周围循环衰竭为主要特征。由于有效循环血量相对地减少,使组织器官缺氧,发生一系列的代谢紊乱,造成恶性循环,如不及时处理,就会导致死亡。当休克发生后,其主要症状为面色苍白、四肢发凉、冒冷汗、脉搏细数、呼吸浅速,严重者发生昏迷。

在日常训练和比赛中,休克出现的情况较多:如训练者没有休息好、饥饿时进行跆拳道练习,一旦过量就容易休克;在比赛中,当运动员被对手重击头部、颈侧、腹部时,常常会出现瞬间休克和短暂的意识丧失(也叫 KO),严重时会出现昏迷现象。

处理方法:让患者安静平卧休息,并给予精神安慰,最好不要采取头低脚高位休息,因为这样会使颅内压增高、静脉回流受阻,造成呼吸困难,加重缺氧。另外,冬天应注意保暖,夏天应注意防暑,神志清醒、无消化道损伤者,可适当饮用糖水,保持呼吸道畅通。将昏迷者头侧偏,用重手法点掐人中、合谷、内关等穴或嗅氨水催醒。有损伤疼痛者,应止痛镇静,并进行必要的包扎、固定、止血,后送医院进行治疗。

✦ 知识拓展

· ·

跆拳道格斗中各部位的使用

一、手

手的使用包括拳、掌、指三部分。

1.拳

拳是跆拳道中使用最广泛的部位之一。拳的作用是攻击对方面部、胸部、腹部和防守。拳的握法:将手的四指并拢并握紧,五指卷进,拳面要平,然后拇指压贴于食指和中指的第二指节上,使用正拳时,用拳的正面的食指和中指部分击打。

拳面:握紧的拳的峰面。利用拳峰直接攻击对方,力点是拳的峰面。

拳背:握紧的拳的背部,中指和食指的掌指关节突出部分。用于抖腕上挑和伸肘向外侧摆动击打。

锤拳:拳握紧后,小手指以下腕关节以上的小鱼际外侧。用锤拳从上向下直接锤击最有效。

平拳:手指第二指关节弯曲,四指尖贴紧手掌,拇指扣于虎口处。实战时可用平拳冲击对方的上唇、眼睛和颈部,动作短促有力。

指节拳:拳握紧后将食指第二指关节特别突出形成中指节拳。实战中用指节拳攻击对方上唇、眼睛、太阳穴、两肋、腹腔神经丛效果极佳。

2.掌

手:亦叫空手刀。四指并拢伸直,拇指屈曲贴紧食指,小指的外侧沿形成手刀,拇指的内侧形成背刀。手刀和背刀在实战中用于砍击或截击。

掌根:亦称熊掌。将四指并拢,从第二指关节处全部屈曲扣紧,拇指扣紧虎口处。实战时用掌根击打对方的头面部、下颌和锁骨。

底掌:亦称弧形掌。四指并拢,指关节微屈,拇指外展微屈,掌成弧形。可用掌根底部攻击,也可用拇指和食指之间掐击颈部。

3.指

贯手:手形和手刀相似,中指和食指微屈,基本保持四指尖平齐,大拇指向掌内贴紧。实战时用来戳击对方的主要器官。

二指贯手:伸展食指和中指呈 V 型,拇指压紧无名指第二指关节处,小指内扣。主要用来插击对方的眼睛。

二、臂

臂的使用包括腕部和肘部。

1.腕部:是指腕关节的四周部位,即用腕关节的内、外、上、下四个部位进行格挡防守。

2.肘部:是指大、小臂之间的骨联结——肘关节部分。由于肘关节距身体中心近,运动灵活,属较大肌群工作关节,因而肘的进攻威力极大,亦可用于格挡防守。

三、腿

腿部主要使用的部位是膝关节。膝部是指股骨和胫、腓骨之间的骨联结——膝关节部分。由于膝关节是人体最典型的骨关节,其组成骨骼大而粗壮,股肌和腓胫肌直接作用于膝关节,因而膝部动作既灵活又有力量,杀伤力极大。它既可进攻又可防守。

四、足

足是指脚的踝关节及以下各部位。

1.脚前掌:指脚底前部的骨和肌肉部分。脚前掌进攻时主要用于前踢、旋踢和抡踢。

2.脚后掌:指脚底后部的跟骨下缘和肌肉部分。进攻时主要用于转踢和蹬踢。

3.正脚背:指脚的正面,踝关节以下至第一趾关节以上部位。正脚背进攻时常用于

横踢、摆踢、跳踢和飞踢。其作用距离远,力量大。

4.足刀:指脚底和脚背相联结的脚外侧边缘部位。主要用于侧踹或侧铲。

5.脚后跟:指脚后部踝关节以下的部位。脚后跟进攻时主要用于后蹬、劈脚和转身后摆动作。

五、额

用自己的额部顶撞对方的脸部。

第七章　跆拳道竞赛规则与裁判法

第一节　跆拳道竞赛规则及解释(竞技)

竞技跆拳道运动经过 40 多年的发展,特别是经过悉尼、雅典、北京、伦敦 4 届奥运会的磨炼,其竞赛理论、竞赛规则以及裁判方法更加科学、严谨、规范,不仅促进了本项目技战术创新,也使比赛更加精彩、激烈。

我国自 1994 年正式开展跆拳道项目以来,竞赛理论、竞赛规则和裁判方法的研究和制定,经历了"学习引进、不断完善"的发展过程,总体的指导思想是力求搭建公平、公正、公开的国内竞赛平台,体现并倡导"国内练兵、一致对外"的思想。实践证明,坚持这一正确的指导思想,充分发挥竞赛杠杆作用,使我国的跆拳道运动不断壮大。

为了增强跆拳道比赛的观赏性和公正性,备战国际大赛,依据世界跆拳道联合会最新颁布的跆拳道竞赛规则及解释,结合国内跆拳道竞赛的实际情况,以及我国跆拳道运动员参与国际大赛竞争的需要,中国跆拳道协会对现行的竞赛规则及解释进行了修订,现正式颁布新的《跆拳道竞赛规则及解释(竞技)》。

中国跆拳道协会
2013 年 4 月 8 日

第一条　总则

一、《跆拳道竞赛规则及解释(竞技)》(以下简称本规则)依据世界跆拳道联合会(WTF)(以下简称世跆联)所颁布的竞赛规则及解释,结合中国跆拳道运动发展的实际情况所制订。

二、本规则是中国跆拳道协会(以下简称中国跆协)及其所属团体会员在中国境内主办或组织的所有跆拳道竞赛所使用的统一规则,目的是保证竞赛公平顺利地进行,并确保本规则在竞赛中得到执行和应用。

(注释 1)

本规则的核心条款和内容全部依据世跆联所颁布的最新竞赛规则及解释,部分条款

跆拳道

结合中国跆拳道运动发展的实际情况以及国内竞赛工作的任务与目的等进行了补充和完善。

（注释2）

第一条的目的是保证全国范围内的跆拳道竞赛规范化，所有不符合此基本规则的竞赛均不被视为跆拳道竞赛。

（注释3）

以下使用"注释"和"解释"的内容是对有关条款的内涵和本质定义进行说明。当教练员、运动员和裁判员对本规则的认识和解释产生分歧时，裁判员具有最终解释权。

第二条　适用范围

本规则适用于中国跆协及其所属团体会员在中国地区举办的各级、各类跆拳道竞赛。如需改动有关条款，须经中国跆协批准。

（解释1）

须经中国跆协批准：任何团体会员需更改本规则的某条款，必须在规定比赛时间的1个月之前将更改内容及其理由报请中国跆协审批。

（解释2）

(1)体重级别；(2)裁判员人数；(3)检查台、记录台、临场医务台人员；(4)比赛时间等条款内容，可经中国跆协批准后更改，但"有效得分"、"警告"、"扣分"、"比赛场地"等条款在任何情况下不得更改。

第三条　比赛区

由中国跆协指定的国内赛事，要求比赛场馆至少应有2000个座位，场馆地面面积至少为40×60平方米，能给观众和运动员提供最佳的视觉和听觉效果。场馆地面到天花板的高度应在10米以上。场馆内照明应在1500至1800勒克斯之间，由场馆顶部直接照射到比赛场地。

比赛区应为8×8米、水平、无障碍物、正方形、有弹性且不易打滑的垫子，或由中国跆协批准使用的其他规格的比赛场地。

比赛区应铺设中国跆协监制或指定的专用比赛垫。必要时，比赛区可根据实际需要置于一定高度的平台上。为保证运动员的安全，比赛台与地面的高度应为0.6～1米比赛台，场地边界线外应有与地面夹角小于30度的斜坡（见图7-1）。

一、比赛区的划分

(一)8米×8米的区域称为比赛区，用蓝色标注；

(二)比赛区的外缘线称为边界线；

(三)比赛记录台和临场医务台面对比赛区的边缘线为第1边界线，顺时针旋转依次

为第 2、第 3、第 4 边界线;

(四)边界线以外需铺设比赛垫,保护运动员的安全;尺寸大小可根据比赛的实际情况确定,宽度为 1~2 米,边界线外的保护区用红色或黄色标注。

二、位置(见图 7-2)

(一)主裁判员位置:距离比赛区中心点向第三边界线方向 1.5 米处;

(二)边裁判员位置:1 号裁判员在第一、二边界线夹角,面向比赛区中心点向后 0.5 米处;2 号边裁判员在第二、三边界线夹角,面向比赛场地中心点向外 0.5 米处;3 号边裁判员在第三、四边界线夹角,面向比赛场地中心点向外 0.5 米处;4 号边裁判员在第四、一边界线夹角,面向比赛场地中心点向外 0.5 米处。

如果比赛设 3 名边裁判员,1 号边裁判员在第一、二边界线夹角,面向比赛区中心点向后 0.5 米处;2 号边裁判员的位置在第三边界线中心点外 0.5 米处,正对比赛场地中心;3 号边裁判员在第四、一边界线夹角,面向比赛区中心点向后 0.5 米。

(三)记录台位置:置于第一边界线向后至少 2 米处,面向比赛场地,并距离第一、二边界线夹角 2 米;

(四)临场医务台位置:置于第一边界线右侧向外至少 3 米处;

(五)运动员位置:运动员的位置是相对的 2 点,距离比赛区域中心点各 1 米,距离第一边界线 4 米处(青方距离第二边界线 3 米,红方距离第四边界线 3 米);

(六)教练员位置:位于本方运动员一侧的边界线中心点向后 1 米处;比赛期间,教练员不得离开 1×1 米的教练员指定区域;

(七)检查(检录)台位置:检查(检录)台位于比赛场地入口处附近。

三、赛场环境

(一)为参赛运动员提供适当面积的热身区域和检录区域;

(二)比赛场地的高度、照度、温度和湿度适于运动员进行比赛;

(三)具备必要的医疗救护设施和措施;

(四)提供比赛所需的比赛景观和体育展示及其他环境和设施。

(解释 1)

比赛区应铺设有弹性、平整的由中国跆协监制或指定的专用比赛垫。颜色搭配必须避免刺眼或引起运动员、观众视觉的疲劳,应与运动员的护具、服装、垫子表面颜色协调一致。

(解释 2)

比赛区:应是 8×8 米的正方形,环绕比赛区域应有至少 2 米宽的安全区域。因此,1 片比赛场地的面积至少为 12×12 米。

(解释 3)

比赛台应按照如下插图搭建:

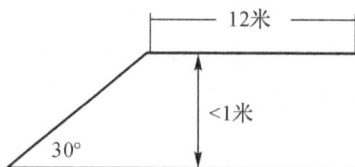

图 7-1　比赛台

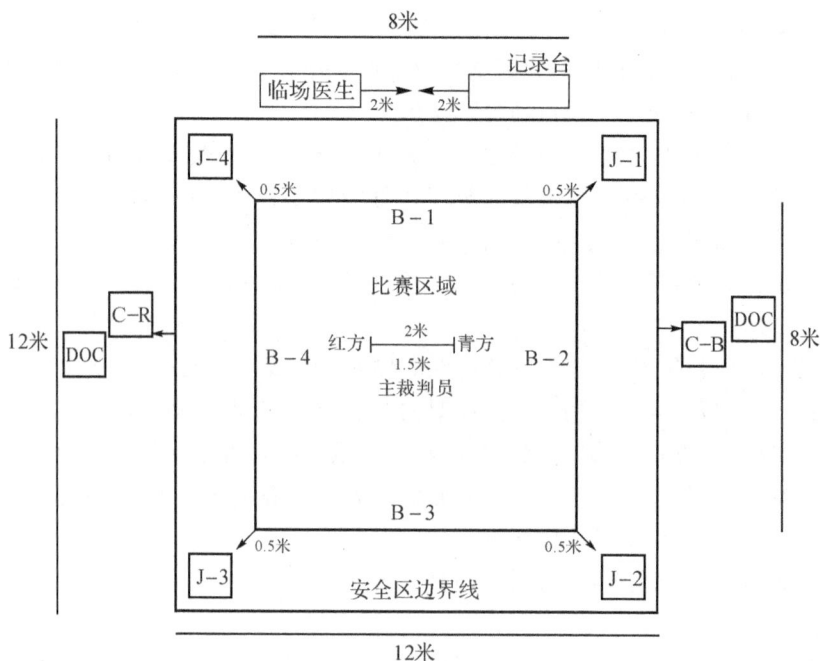

图 7-2

表 7-1

B1－4	边线 1－4
J1－4	边裁判员 1－4
C－R	红方教练
C－B	青方教练
DOC	随队医生

（解释 4）

检查台：在检查台，裁判员需检查运动员所穿戴的护具装备是否经中国跆协认可，尺寸大小、穿戴松紧程度等是否合适，如不合适，则要求运动员更换合适的护具。

（执裁指导）

裁判员必须充分理解"比赛区"的定义并在比赛中掌握好尺度，避免过多中断比赛。

四、八角形比赛场地

韩跆拳道协会，在第六届韩国国际跆拳道公开赛中使用了八角形比赛场地，受到各国的关注。现在使用八角形比赛场地越来越广泛。

八角形竞赛场地由一个竞赛区和一个安全区组成。竞赛场地应为方形，尺寸不得小于 10×10 米，以及不应超过 12×12 米。在竞赛场地的中心应是八角形赛区，该赛区测量直径应约 8 米，八角形的每一侧应约长 3.3 米。竞赛场地的外围线和竞赛区的边界线之间是安全区。竞赛区和安全区的力波垫应为不同的颜色，应按照相关竞赛技术手册的规定（见图 7-3）。

（一）竞赛区的边缘线称为边界线，竞赛场地的边缘线称为外围线。

（二）毗邻记录台前的外侧线应称为第一外围线，然后按顺时针方向从第一外围线开始，其他线分别称为第二、第三、第四外围线。毗邻第一外围线的边界线应称为第一边界线，按顺时针方向从第一边界线开始，其他线分别称为第一、第二、第三、第四边界线。若为八角形赛区，毗邻第一边外围线的边界线应称为第一边界线，按顺时针方向从第一边界线开始，其他线分别称为第二、第三、第四、第五、第六、第七、第八边界线。

（三）主裁判员和选手于比赛的开始和结束位置：参赛者的位置应在两个对立点，并且为距离平行于第一外围线 1 米的竞赛区的中点。主裁判员的位置应在竞赛区中心点向第三外围线方向退后 1.5 米。

（四）一号边裁判员的位置应在面向竞赛区中心点，距离第一外围线与第二外围线之交叉角向外 0.5 米处；二号边裁判员的位置应在面向竞赛区中心点，距离第三外围线向外 0.5 米处；三号边裁判员的位置应在面向竞赛区中心点距离第一外围线与第四外围线之交叉角向外 0.5 米处；如果只要两名边裁判员，那么一号边裁判员位置应在面向竞赛区中心点，距离第三外围线向外 0.5 米处，二号边裁判员的位置应在面向竞赛区中心点，距离第一外围线向外 0.5 米处。边裁判员的位置可以改变，以方便媒体、广播、体育展示的进行。

（五）录像审议用摄像机的位置：记录台和 IVR 的位置应在第一外围线向后至少 2 米处。录像审议用摄像机的位置可以改变，以方便媒体、广播、运动展示的进行。

（六）指导教练的位置：指导教练的位置应与选手同边，其位置应设于距离边界线中心向后 1 米处。指导教练的位置可以改变，以方便媒体、广播、体育展示的进行。

（七）检录组的位置：检录组的位置应设于竞赛场地的入口处附近，以便检查参赛选手的护具装备。

（解释1）

力波垫：垫子的弹性和防滑程度必须在赛前经由世跆联认可通过。

（解释 2）

颜色：力波垫的颜色组合应避免刺眼反光色泽或容易造成参赛选手及观众的眼睛疲劳之色。颜色组合应与选手装备、服装以及竞赛场地周遭相互契合。

（解释 3）

检录组：检录组的检录人员应检视参赛选手所穿戴的装备是否合身、是否通过世跆联认证。若发觉不适当者，应明示要求选手更换护具装备。

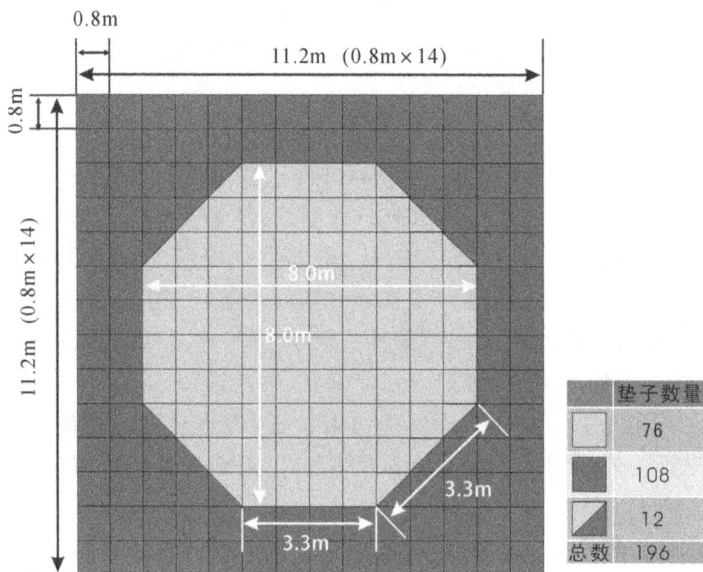

图 7-3　八角形比赛场地

第四条　运动员和教练员

一、运动员资格

运动员必须同时具备以下条件，方可参加中国跆协所举办的赛事。

（一）必须是中国跆协的个人会员，其代表的参赛运动队属于在中国跆协注册的团体会员；

（二）当年度在中国跆协登记注册有效；

（三）持有中国跆协颁发或经中国跆协推荐获得国技院/世跆联颁发的相应段位、级位证书；

（四）参加青少年比赛的运动员年龄符合中国跆协颁布的竞赛规程的规定；

（五）无违反《跆拳道竞赛纪律处罚条例》的行为；

（六）参加中国跆协各级团体会员和地方协会举办的比赛必须符合当地协会的各项

规定和要求。

（解释1）

参赛资格：参赛运动员必须是中国跆协的个人会员，并只能代表在中国跆协注册的某一个团体会员单位参赛。依据是当年在中国跆协进行年度注册的注册文件和相应证明。

（注释1）

通常全国青年锦标赛的年龄限制为 14～17 周岁，以比赛当年的年份计，不按日期计算。

例如，比赛日期为 2004 年 9 月 9 日，出生日期为 1987 年 1 月 1 日—1990 年 12 月 31 日期间的运动员有资格参加比赛。

二、教练员资格

教练员必须同时具备以下条件，方可在中国跆协所举办的赛事中担任教练员。

（一）必须是中国跆协的个人会员，其代表的参赛运动队属于在中国跆协注册的团体会员；

（二）持有中国跆协颁发的教练员资格证书，并通过中国跆协当年的年度审核；

（三）持有中国跆协颁发或经中国跆协推荐获得国技院/世跆联颁发的相应段位证书；

（四）参加并通过中国跆协举办的教练员培训班的考核。

三、比赛服装和护具

（一）运动员穿着和佩戴的道服和护具必须由中国跆协指定或认可；

（二）运动员比赛时须佩戴护具包括：护胸、头盔、护裆、护臂、护腿、护齿、手套、感应脚套（使用电子护具的情况）。其中护裆、护臂、护腿应戴在道服内；除了头盔，头部不得佩戴其他物品。与宗教信仰相关的物品，应提前获得许可并佩戴在头盔或道服内；

（三）跆拳道比赛道服、护具及其他装备的具体要求应分别指定；

（四）教练员在赛场执教时，必须穿着规范的运动服、运动鞋。严禁穿着与比赛不相适应的衣着入场执教；

（五）赛事组委会应根据所需比赛装备的数量，负责准备比赛所需装备。

（解释2）

护具的大小和运动员的级别相对应。同一级别的运动员穿戴相同尺寸的护具参加比赛。

（解释3）

护齿：护齿的颜色只能是白色或透明。如果有医生诊断证明使用护齿会对运动员造成伤害，该名运动员可不戴护齿。

四、药物控制

(一)在由中国跆协举办和认可的各类跆拳道比赛中,禁止携带、使用和提供国际奥委会(IOC)禁用的药品和使用禁用的方法;

(二)中国跆协有责任委托中国奥委会反兴奋剂委员会随时对运动员进行药检;

(三)赛事组委会必须无条件配合药检工作;

(四)任何拒绝药检或药检证明违反有关规定者,取消其比赛成绩,比赛成绩按顺序递补。同时,按《中国跆拳道协会兴奋剂违规处罚办法》予以处罚。

五、责任与义务

(一)比赛中发生伤害和死亡事故时,不得向主办方、组织方、对方运动员追究责任。过失行为导致的事故应追究过失方的责任;

(二)各级各类跆拳道竞赛应当统一为运动员办理跆拳道专项保险。

第五条　体重级别

一、体重分为男、女级别

二、体重分级

(一)成年跆拳道锦标赛、冠军赛

表 7-2

男子组		女子组	
54kg 级	54 公斤以下	46kg 级	46 公斤以下
58kg 级	54~58 公斤	49kg 级	46~49 公斤
63kg 级	58~63 公斤	53kg 级	49~53 公斤
68kg 级	63~68 公斤	57kg 级	53~57 公斤
75kg 级	68~74 公斤	62kg 级	57~62 公斤
80kg 级	74~80 公斤	67kg 级	62~67 公斤
87kg 级	80~87 公斤	73kg 级	67~73 公斤
87kg 级以上	87 公斤以上	73kg 级以上	73 公斤以上

（二）奥运会、全运会

表 7-3

男子组		女子组	
58kg 级	58 公斤以下	49kg 级	49 公斤以下
68kg 级	58～68 公斤	57kg 级	49～57 公斤
80kg 级	68～80 公斤	67kg 级	57～67 公斤
80kg 级以上	80 公斤以上	67kg 级	67 公斤以上

（三）世界青少年锦标赛量级

表 7-4

男子组		女子组	
45kg 级	45 公斤以下	42kg 级	42 公斤以下
48kg 级	45～48 公斤	44kg 级	42～44 公斤
51kg 级	48～51 公斤	46kg 级	44～46 公斤
55kg 级	51～55 公斤	49kg 级	46～49 公斤
59kg 级	55～59 公斤	52kg 级	49～52 公斤
63kg 级	59～63 公斤	55kg 级	52～55 公斤
68kg 级	63～68 公斤	59kg 级	55～59 公斤
73kg 级	68～73 公斤	63kg 级	59～63 公斤
78kg 级	73～78 公斤	68kg 级	63～68 公斤
78kg 级以上	78 公斤以上	68kg 级以上	68 公斤以上

（四）青年奥运量级

表 7-5

男子组		女子组	
48kg 级	48 公斤以下	44kg 级	44 公斤以下
55kg 级	48～55 公斤	49kg 级	44～49 公斤
63kg 级	55～63 公斤	55kg 级	49～55 公斤
73kg 级	63～73 公斤	63kg 级	55～63 公斤
73kg 级以上	73 公斤以上	63kg 级以上	63 公斤以上

（五）世跆联世界少年跆拳道锦标赛

表 7-6

男子组		女子组	
33kg 级	33 公斤以下	29kg 级	29 公斤以下
37kg 级	33～37 公斤	33kg 级	29～33 公斤
41kg 级	37～41 公斤	37kg 级	33～37 公斤
45kg 级	41～45 公斤	41kg 级	37～41 公斤
49kg 级	45～49 公斤	44kg 级	41～44 公斤
53kg 级	49～53 公斤	47kg 级	44～47 公斤
57kg 级	53～57 公斤	51kg 级	47～51 公斤
61kg 级	57～61 公斤	55kg 级	51～55 公斤
65kg 级	61～65 公斤	59kg 级	55～59 公斤
65kg 级以上	65 公斤以上	59 级以上	59 公斤以上

三、青少年比赛的级别设置,在保证安全的基础上,可根据实际情况进行调整,并由赛事组委会报请中国跆协认可

（注释）

◎跆拳道竞赛是运动员通过直接身体接触、身体对抗决定胜负的项目。为了保护运动员的安全,同时使运动员在公平竞争的条件下使用技术,设置了体重分级体系;

◎男、女运动员分别在各自的性别和级别组进行比赛,这是最基本的原则;

◎根据实际参赛情况,必要时可取消或合并比赛级别。

（解释 1）

"以上"和"以下"的界定:

称量体重的精确程度以小数点之后的百分位为测量标准。例如:50 公斤以下级的称量标准,49.99 公斤、50.00 公斤、50.009 公斤均为合格,50.01 公斤为不合格。

50 公斤以上级的称量标准,49.99 公斤为不合格,体重从 50.01 公斤起为合格,以此类推。

第六条　比赛的种类和方法

一、比赛种类。

（一）个人赛:个人赛一般在相同体重级别的运动员之间进行;运动员在 1 次赛事中只允许参加 1 个级别的比赛;

(二)团体赛

1.按体重级别进行5人制团体赛,级别如下:

表 7-7

54 公斤以下	47 公斤以下
54 公斤～63 公斤	47 公斤～54 公斤
63 公斤～72 公斤	54 公斤～61 公斤
72 公斤～82 公斤	61 公斤～68 公斤
82 公斤以上	68 公斤以上

2.按体重级别进行8人制团体赛;

3.按体重级别进行4人制团体赛(将8个体重级别中相邻2个级别合并成为4个级别)。

二、比赛方式。

(一)单败淘汰赛;

(二)复活赛;

(三)循环赛或其他赛制。

三、包括全运会在内的综合性运动会的跆拳道比赛一般采用个人赛制。

四、国内举行的所有跆拳道比赛,参赛运动队不能少于4支队伍,每个级别的参赛运动员不能少4人,少于4人比赛的参赛级别比赛成绩无效。

(解释1)

在锦标赛体系中,竞赛以个人为基础,团体名次根据个人成绩进行综合积分统计来决定。

积分方法:

1.团体名次应根据如下条款由总分决定:

◎称重合格后,每1名上场比赛的运动员获得基础分1分;

◎每赢得1场比赛加1分(包括轮空场次);

◎每1枚金牌加7分;

◎每1枚银牌加3分;

◎每1枚铜牌加1分。

2.如2支参赛队积分相同,先后名次按以下办法排列:

(1)按各队获得的金、银、铜牌数顺序;

(2)参赛运动员人数顺序;

(3)大级别获得分数多者顺序。

3.在团体赛中,每场团体赛的结果由单一参赛队成绩决定;

4.8个体重级别模式:

在8个级别的团体赛中,获胜5场以上为胜方。如果因2队平分不能确定先后名次(4比4),则各队选派1名同级别的代表进行加赛,此时的上场运动员不能为替补;

5.在上述模式中,如果某一队在全部比赛结束之前就已经因获胜场数多而获胜,原则上剩下的比赛仍须进行。如失败的一方希望放弃余下的比赛,比赛结果不按累计积分计算而视为"失去比赛资格败"(以下简称"失格败")。

第七条 比赛时间

比赛时间是指每场比赛为3局,每局比赛2分钟,局间休息1分钟;比赛时间和比赛局数也可根据实际情况做相应的调整,由比赛技术代表决定调整为每局1分钟或1分半钟,或调整为每场比赛设2局。

(注释)

可根据特殊需要对局数、比赛时间及休息时间进行调整,但每局比赛(包括加时赛)2分钟的时间规定原则上不能改动。

第八条 技术会议与抽签

一、技术会议

(一)比赛开始的前1天或2天召开由技术官员、各参赛队领队及教练员参加的技术会议;

(二)技术会议中,由技术代表或其他技术官员就比赛相关技术事宜进行说明,并主持抽签工作。

二、抽签

(一)抽签方式包括电脑抽签和人工抽签;

(二)抽签的方法和顺序应由技术代表决定;

(三)技术代表或其指定人员代替未出席技术会议的参赛队进行抽签;

(四)抽签结果由技术代表签字确认,确认后不得变更。

(注释2)

技术会议上所公布的内容以及决定的事项必须符合本规则的规定,和竞赛规则具有同等法律效力。

第九条　称　　重

一、称重方式。

（一）按级别于比赛日的前 1 天进行称重；

（二）所有级别于第一比赛日前 1 天进行称重。

二、称重时间和地点由赛事组委会决定。称重必须在 2 小时内完成。如称重不合格，在 1 小时内有 1 次补称机会。

三、称重时，男运动员着内裤，女运动员着内裤、胸罩。如运动员要求，允许裸体称重。

四、赛事组委会应提供试称用的体重秤（误差不得超过 0.01 公斤），放置于运动员驻地或训练场馆。

五、运动员须持有效参赛证件参加称重，否则按称重不合格计。

六、监督与确认。

（一）称重的各个环节须由裁判员和赛事组委会指定的工作人员共同执行。如有必要，可由参赛队代表进行监督；

（二）称重结果须经技术代表或指定技术官员签字确认，确认后不得更改。

（解释 1）

◎比赛当日的参赛选手：比赛当日的参赛选手是指按赛事组委会或中国跆协排定的比赛日程，在预定日期进行比赛的参赛选手；

◎比赛前一天：称重时间由赛事组委会确定并在技术会议上通知参赛队赛前一天称重，称重时间不超过 2 小时。

（解释 2）

男、女子称重地点应分开，并分别由男、女性技术官员负责进行。

（解释 3）

正式称重不合格：如果运动员正式称重不合格，不能获得基础分。

（解释 4）

试称用的体重秤必须与正式的体重秤型号相同，并具有相同的精确度，在赛前由赛事组委会核对无误。

第十条　比赛程序

一、检录

比赛开始前 30 分钟，检录处开始检录，宣告该场参赛运动员名字 3 次，运动员在规定时间持有效参赛证件到检录区进行身份确认，穿戴并测试护具，等候赛前检查。

二、检查

检录后,运动员、教练员以及队医必须接受包括至少1名裁判员在内的技术官员对其进行身体、服装、护具及用品的检查。检查合格后,在指定区域等候点名入场。

(注释1)

运动员、教练员及队医不得携带任何可能造成伤害的物品进入比赛场地;并不得有任何不服从检查的态度或行为。

(注释2)

除非有赛事组委会医务监督的证明,运动员不得使用任何脚部包裹物。

三、点名

入场前3分钟开始点名,每分钟点名1次,共点名3次。如比赛开始后1分钟仍未到场者,按弃权论。

四、入场

点名后,运动员和1名教练员进入比赛场地指定位置,并允许1名队医同时入场。

五、比赛开始和结束

(一)每场比赛开始前,主裁判员给出"青"(Chung)、"红"(Hong)的口令,示意双方运动员进入比赛区;如果在主裁判员发出"Chung、Hong"口令示意运动员进场时,有一方参赛运动员没有出现,或者仍在教练员区域没有做好比赛准备,包括佩戴保护装备、穿戴道服等,该名运动员将被视为退出比赛,主裁判员应宣布对方获胜。

(二)双方运动员相向站立,听到主裁判员发出"立正"(Cha-ryeot)和"敬礼"(Kyeong-rye)的口令时互相敬礼。敬礼时自然站立,腰部前屈不小于30度,头部前屈不小于45度。敬礼完毕后,运动员戴上头盔;

(三)主裁判员发出"准备"(Joon-bi)和"开始"(Shi-jak)口令开始比赛;

(四)每局比赛由主裁判员发出"开始"(Shi-jak)口令即开始,发出"停"(Keu-man)口令结束。即使主裁判员没有发出"停"(Keu-man)的口令,比赛仍将按照规定的时间结束;

(五)最后1局比赛结束后,运动员相向站在各自指定位置脱下头盔并用左臂夹紧。主裁判员发出"立正"(Cha-ryeot)、"敬礼"(Kyeong-rye)口令时,运动员相互敬礼,等待主裁判员宣判比赛结果。

(六)主裁判员举起获胜方一侧的手臂,面向记录台宣判。

(七)双方运动员退场。

六、团体赛程序

(一)2个参赛队的所有运动员在指定位置相向站立,按边界线方向顺序排列;

(二)比赛开始前和结束后的程序按第十条第5款规定进行;

(三)双方运动员需到比赛场外指定位置等候上场;

(四)比赛全部结束后,双方运动员进场相向列队站立;

（五）主裁判员宣判比赛结果后，双方运动员退场。

（解释1）

随运动员比赛入场的队医必须持有效的队医执照或证件，教练员不允许替代队医入场。

（注释1）

比赛使用电子护具的情况下，在检录检查去应检查电子护具系统和双方运动员佩戴的感应脚套是否能正常使用。

第十一条 允许使用的技术、允许攻击的部位

一、允许使用的技术

（一）拳的技术：紧握拳并使用正拳进行正面攻击的技术；

（二）脚的技术：使用踝关节以下脚的部位进行攻击的技术。

（解释1）

正拳：跑拳道传统技术中，"正拳"（Pa-run-ju-mok）就是使用紧握的拳正面，迅速、有力地直线攻击对方躯干正面的技术。

（解释2）

脚的技术：使用踝关节以下脚的部位所进行的攻击技术是合法的技术，使用踝关节以上腿的部位，如小腿、膝关节等所进行的任何攻击是被禁止的。使用电子护具的比赛，电子脚套的感应部位由世界跑拳道联合会决定。

二、允许攻击的部位

（一）躯干：允许使用拳和脚的技术击打部位被护胸包裹的躯干部位，禁止攻击后背脊柱；

（二）头部：允许使用脚的技术击打锁骨以上的部位。

（解释3）

护具：被护具包裹的腋窝与髋关节之间的部位是允许被攻击的合法部位。基于此，运动员比赛时须穿戴与其体重级别相对应的护具。同一级别的双方运动员应穿戴同一型号的护具；若因运动员体型差异大需穿戴不同型号的护具，须先经技术代表批准。

别相对应的护胸。

（解释4）

头部和躯干：锁骨以上的所有部位为头部；髋关节以上、锁骨以下的部位为躯干（见图7-4）。

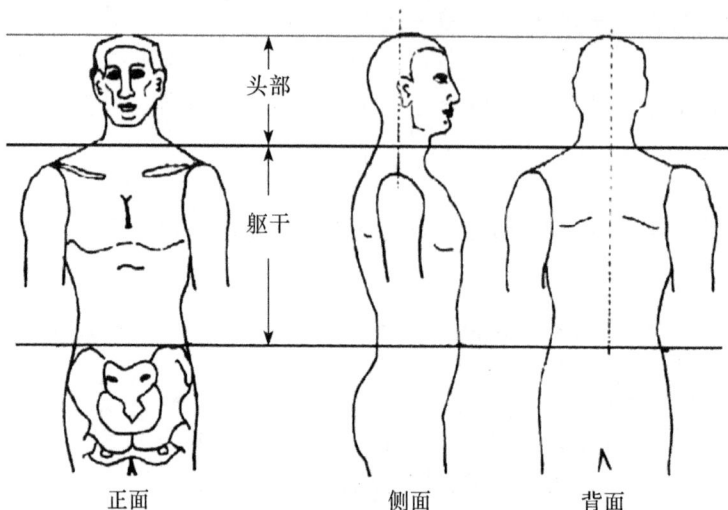

图 7-4　得分部位：头部和躯干

（解释 5）允许拳击打的部位：为保护运动员人身安全，拳的技术只允许击打护具包裹部位中灰色以下部位。

第十二条　得　　分

一、使用允许的技术，准确、有力地击中得分部位时得分。

（解释 1）

"准确"：合法的攻击技术完全或最大限度地接触对方运动员允许被合法攻击的目标范围之内。

（解释 2）

"有力"有两种判定标准分别是：

1. 人工计分时：由边裁判员对击打力度进行判定；

2. 使用电子感应护具时：由电子感应护具中的电子感应器测量击打力度，根据体重级别、性别差异设定不同的力度标准。

二、得分部位

（一）躯干：护胸上蓝色或红色部分覆盖的躯干部位（见图 7-5）；

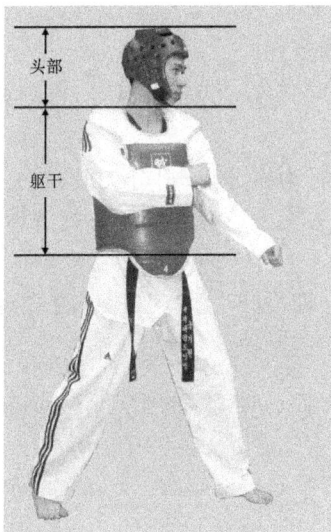

图 7-5　躯干和头部得分部位

（二）头部：锁骨以上的头颈部位（包括颈部、双耳和后脑在内的整个头部）（见图 7-5）。

（三）若使用电子护具计分，以电子护具计分的感应器测出攻击力量与接触到的合法得分区域的有效性，从而由电子计分系统自动给分。电子护具计分的裁定不得受到即时视频回放的影响而改变。

（四）世界跆拳道联合会技术委员会应确定电子护具计分的反应和敏感性达到所要求的技术水平，并应依照不同的量级，男女组别和年龄组别使用不同的评分尺度。在某些情况下，如有必要，技术代表委员可以重新校准电子护具计分的有效反应。

三、分值

（一）击中躯干计 1 分；

（二）旋转踢技术击中躯干计 3 分；

（三）击中头部计 3 分（主裁判员读秒不追加分）；

（四）旋转踢技术击中头部计 4 分；

（五）一方运动员每被判 2 次"警告"或 1 次"扣分"，另一方运动员得 1 分。

（执裁指导 1）

击头得分的尺度：运动员脚的任何部位接触对方的头部，将被视为击头得分有效。

（执裁指导 2）

◎读秒的执裁尺度：运动员被击倒时，主裁判员应及时发出"分开"的口令该检查运动员的状态，然后判断是否读秒；

◎"击倒"的尺度见本规则第17条。

四、比分为3局比赛得分的总和。

五、得分无效:运动员因使用犯规行为得分时,所得分数视为无效。

(解释3)

使用不合法的技术或犯规行为得分,该得分无效,这是一条基本原则。在此情况下,主裁判员必须通过手势示意减去无效得分并给予犯规的运动员相应判罚。

(执裁指导3)

得分无效时,主裁判员应立即发出"暂停"口令,首先通过手势示意记录台减去无效得分,然后给予犯规的运动员相应判罚。

第十三条　计分和公布

一、得分应立即计分并公布。

(注释1)

计分应遵循即时记分,也可称做"1秒钟"原则,4名边裁判员当中的2名以上在1秒钟之内对合法得分技术确认,即可以产生1个有效分。这是一条基本原则,无论采用什么计分方法均必须遵守此原则。

根据比赛的实际情况,也可采取3名边裁判员执裁,其中2名以上记分有效的方式。

(解释1)

即时记分:意味着得分技术一出现应立即记分,延误一段时间之后再记分视为无效。

(解释2)

立即记录并公布:边裁判员的记分应立即公布在记分牌或显示屏上。

二、使用普通护具时由边裁判员使用电子记分器或计分表记录有效得分。

(解释3)

使用普通护具时:

◎所有有效得分(包括1分、2分和3分),只能由边裁判员记录;

◎所有记分必须由边裁判员独立判断,并通过电子仪器将得分即时显示在记分牌上予以公布。如果无法使用电子仪器,边裁判员必须立即将得分记录在记分表上,并在1局比赛后公布。

三、使用电子感应护具。

(一)躯干部位的有效得分,由电子感应护具中的感应器自动计分;当运动员使用有效的旋转技术时,"有效的分"将由电子护具感应器自动计分,"有效的旋转技术分"将由边裁判员作出判断,给出得分。

(二)头部的有效得分和拳的技术得分,由边裁判员用电子记分器或计分表即时记分。旋转踢技术击头,边裁判员应针对有效得分和有效技术给出得分。

（注释 2）

为提高竞技能力并确保公平的比赛结果,比赛中所使用的电子感应护具必须符合中国跆协所颁布的有关技术要求和标准。

四、无论比赛使用 4 名或 3 名边裁判员的情况,有效得分须由 2 名或 2 名以上边裁判员即时记分方为有效。

（执裁指导）

使用任何一种计分系统,边裁判员应遵守即时记分的原则,1 局比赛结束时再记分不符合本规则的规定,属于违反规则的行为。

五、在中国跆协主办的各类跆拳道比赛中,须使用中国跆协监制或认可的电子计分系统,包括电子记分器、电子记录台、电子显示屏等。

第十四条　犯规行为

一、比赛过程中所出现的犯规行为,由场上的主裁判员执行判罚。

二、判罚分为"警告"(Kyong-go)和"扣分"(Gam-jeom)。

三、2 次"警告"应给对方运动员加 1 分,最后 1 次奇数警告不计入总分。

四、1 次"扣分"应给对方运动员加 1 分。

五、犯规行为的判罚。

（一）判罚"警告"的犯规行为

1. 双脚越出边界线;

2. 回避或拖延比赛;

3. 倒地;

4. 抓、搂抱或推对方运动员;

5. 故意攻击对方运动员腰以下部位;

6. 用膝部顶撞或攻击对方运动员;

7. 用手攻击对方运动员头部;

8. 教练员或运动员有任何不良言行;

9. 提膝阻碍对方运动员的攻击;

10. 运动员提示本方教练员申请录像审议。

（二）以下犯规行为将被判罚"扣分"

1. 主裁判员发出"分开"(Kal-yeo)口令后攻击对方运动员;

2. 攻击已倒地的对方运动员;

3. 抓住对方运动员进攻的脚将其摔倒,或用手推倒对方运动员;

4. 故意用手攻击对方运动员头部;

5. 恶意攻击对方运动员腰以下部位;

6.教练员或运动员打断比赛进程；

7.教练员或运动员使用过激言语、出现严重违反体育道德的行为；

8.故意回避比赛；

9.若比赛使用电子护具，每局比赛开始前，主裁判员应该检查双方运动员的电子护具和感应脚套，观察运动员是否有任何操纵电子计分系统，增加感应脚套敏感性或者其他违规方式的企图。如发现故意违规操纵的行为，主裁判员保留给予该名违规运动员"扣分"判罚的权利，同时，根据运动员违规的严重程度，主裁判员也保留判罚该名违规运动员犯规败的权利。

六、运动员违背竞赛规则或故意不服从主裁判员时，主裁判员可计时1分钟后直接判其"失格败"。

七、运动员被判罚"警告"和"扣分"累计达4分时，主裁判员判其"犯规败"。

八、"警告"和"扣分"次数按3局比赛累计。

九、主裁判员中断比赛，下达"警告"或"扣分"口令时，比赛时间在主裁判员发出"暂停"(Shi-gan)口令的同时暂停，直到主裁判员发出"继续"(Kye-sok)口令，比赛继续进行。

（注释1）

制订犯规条款，禁止犯规行为的目的和意义：

1.保护运动员的安全；

2.确保公平竞赛；

3.鼓励运动员使用恰当的或完美的技术。

（解释1）

2个"警告"给对方运动员加1分，但是，最后奇数次"警告"不被计入最后得分。

无论犯规行为是否相同，也无论犯规行为出现在哪一局，被判罚2个"警告"均给对方运动员加1分。

（解释2）

运动员被判罚1次"警告"的犯规行为的种类及其在比赛中的表现是：

(1)双脚越出边界线。

双脚越出边界线的垂直平面即被视为"出界"。此时，主裁判员将判给犯规运动员1次"警告"。当"出界"是因为对方运动员使用犯规行为造成时，不属于"出界"，主裁判员有权对犯规运动员进行判罚。

如果"出界"行为在时间上有先后之分，则先"出界"的运动员属于犯规，应被判罚1次"警告"。

(2)回避或拖延比赛。

运动员无意进攻而回避比赛，判罚将给予更加消极或持续后退的一方。若双方运动员均回避比赛，则同时给予双方运动员"警告"判罚。但主裁判员应区分故意回避和战略

防守,以战略防守为目的的技术动作将不给予判罚。

主裁判员避免比赛处于消极状态的具体做法是:如果双方运动员在 5 秒钟后仍对峙不攻,处于消极状态,主裁判员可给出"进攻"的口令,出现下列情况时主裁判员将给予"警告"判罚:

(1)主裁判员发出"进攻"口令后,双方运动员仍然消极对峙,没有进攻动作的情况持续 10 秒;

(2)主裁判员发出"进攻"口令后,一方运动员从原来的位置向后退或者明显处于被动状态的情况持续 10 秒。

转身逃避对方运动员的进攻违背了公平竞赛精神,并容易导致严重的伤害事故。同样,因逃避对方运动员的进攻而蜷伏或弯腰至腰部水平线以下,将被给予"警告"判罚。

伪装受伤:目的是对运动员在比赛过程中缺乏公平竞赛精神的行为予以判罚,包括为了表示对方运动员的动作是犯规行为而夸大受伤程度或假装身体某一部位因击打而疼痛,或为了拖延比赛时间而夸大受伤程度。在此情况下,主裁判员应对运动员发出 2次继续比赛的命令,每 5 秒钟 1 次,如运动员仍不服从命令,则予以"警告"判罚。

运动员无正当理由故意要求主裁判员暂停比赛,将予以"警告"判罚(例如:要求暂停以调整护臂或护膝拖延比赛时间)。

(3)倒地

运动员倒地应立即予以"警告"判罚。如果一方运动员因对方运动员的犯规行为而倒地,不应予以判罚,而应判罚对方运动员;因一方运动员使用技术动作导致对方运动员倒地,此行为重复出现应予以倒地运动员判罚;因技术动作的连续变换或因失去重心滑倒,此行为重复出现应予以判罚。

(4)抓、搂抱或推对方运动员

"抓",包括用手抓住对方运动员的道服、护具或身体任何部位,或用前臂勾住对方运动员的脚或腿;"搂抱",包括用手或手臂压住对方运动员的肩膀或夹住其腋窝,或用手臂搂抱对方运动员的躯干;"推",包括用手掌、肘、肩、躯干或头等部位推开对方运动员使其失去平衡以有利于自己攻击,或推开对方运动员以阻碍其正常使用技术动作。当上述情况出现时,主裁判员将给予"警告"判罚。

(5)故意攻击对方运动员腰以下部位

为了阻碍或干扰对方运动员正常使用技术动作,使用强有力的踢击或蹬踏动作攻击其大腿、膝关节或小腿任何部位,应被判罚"警告"。若攻击腰以下部位的动作是因为承受者(被攻击者)自身造成或发生在技术动作转换过程中,不属于此条款规定的内容。

(6)用膝部顶撞或攻击对方运动员

主要指在近距离时故意用膝部顶撞或攻击对方运动员。但是,以下 2 种情况不在判罚之列:

◎当使用合法的攻击技术时,对方运动员突然移动或前冲靠近;

◎非故意的或因进攻距离不合适所造成的。

(7)用手攻击对方运动员头部

"手"的概念是指:包括用手(拳)、腕、小臂、肘关节等击打对方运动员头部。但是,由于对方运动员的不经意动作,比如过分低头或随意转身而引起的情况,不在判罚之列。

(8)教练员或运动员有任何不良言行

"不良行为"包括运动员或教练不符合体育运动精神或跆拳道精神的行为或态度。具体体现如下:

◎任何妨碍比赛进程的行为;

◎以不合法途径对裁判员的判决表示抗议或指责竞赛官员;

◎用身体动作或行为动作侮辱对方运动员或教练员;

◎教练员使用过激的言语和执教动作;

◎任何与比赛无关或不受欢迎的行为,或超出比赛本身所能接受范围的行为。

此条款参考"扣分"判罚第6款可合并予以判罚。主裁判员根据情况对上述行为进行独立判罚。如在比赛间歇中出现不良行为,主裁判员可立即予以判罚并记入下一局比赛的计分中。

比赛进行中,如果教练员离开1米×1米的教练员规定区域,该名教练员将会被判罚"警告"。

(9)提膝超过腰部

提膝超过腰部故意格挡、阻碍、干扰对方1次进攻的行为,应被判罚"警告"。

(解释3)

运动员被判罚1次"扣分"的犯规行为的种类及其在比赛中的表现如下。

(1)主裁判员下达"分开"(Kal-yeo)口令后攻击对方运动员

此类行为十分危险,极有可能导致对方运动员受伤。原因是:

◎主裁判员下达"暂停"口令后,对方运动员可能处于无防卫的状态;

◎主裁判员下达"暂停"口令后,进攻运动员使用的任何技术的击打力度会增大。

此类攻击运动员的行为是违背跆拳道运动精神的。因此,在"暂停"后,无论击打力度大小,故意攻击对方运动员均应予以判罚。此外,在"暂停"后,如一方运动员假装要攻击对方运动员,也应予以"扣分"判罚。

(2)攻击已倒地的对方运动员

此类行为十分危险,极有可能导致对方运动员受伤。原因是:

◎倒地的运动员可能处于无防卫的状态;

◎由于倒地运动员处于静止状态,位置相对固定,对其使用的任何技术的击打力度会增大。此类攻击倒地运动员的行为是违背跆拳道运动精神的,在跆拳道竞赛中是不适当的。

（3）抓住对方运动员进攻的脚将其摔倒，或用手推倒对方运动员

为了阻碍对方运动员的进攻，用手抓住对方运动员进攻的脚或用手推对方运动员使其倒地。

（4）故意用手攻击对方运动员头部主裁判员根据自己的判断，给予下列行为"扣分"判罚：

◎当拳攻击的起点位置高于耳侧；

◎当拳攻击的方向向上；

◎当攻击的目的是在近距离对对方运动员造成伤害，而非进攻技术的正常转换。

（5）教练员或运动员打断比赛进程

◎教练员在比赛中离开指定位置而影响比赛，或故意离开比赛场地；

◎教练员为妨碍比赛进程或对裁判员的判罚表示不满而在场地周围走动；

◎教练员或运动员威胁裁判员或侵犯裁判员的权利；

◎教练员或运动员以不合法的方式抗议并打断比赛进程。

（注释2）

此条款规定的内容将不用于处理教练员申请"录像审议"的情况。

（6）教练员或运动员使用过激言语或做出违反体育道德行为

参照判罚"警告"行为的第10款

（7）一方运动员故意转身背逃躲避对手攻击，主裁判员给予"扣分"

（解释4）

主裁判员宣判运动员"失格败"

当运动员或者教练员无视或违反跆拳道竞赛基本准则、跆拳道竞赛规则和纪律以及主裁判员的指令，主裁判员可以不考虑"警告"或者"扣分"的累计情况，直接判其负。特别是当运动员不顾主裁判员的规劝，意图伤害或者对主裁判员进行明显的侵害时，应立即宣判该名运动员"失格败"。

第十五条　加时赛和优势判定

3局比赛结束后比分相等，加赛1局，时间为2分钟，由"突然死亡"或"优势判定"确定胜负。比赛前3局的得分和警告判罚全部清零，加赛局比赛的结果为比赛的最终结果。

一、加时赛先得分获胜

（一）任何一方运动员先得分，则比赛结束，先得分者获胜；

（二）因犯规造成对方运动员得1分，则比赛结束，得分者获胜。

二、"优势判定"

（一）加时赛结束时，双方运动员均未得分，进行"优势判定"。

体重轻者获胜。

体重相同时以"优势判定"。

（二）该场比赛裁判员填写"优势判定卡"，按少数服从多数原则进行判定。

（三）"优势判定"的依据是加时赛中运动员表现出的主动性。

（四）场上为1名主裁判员和3名边裁判员，优势判定若为2：2.获胜方为主裁判员判胜方。

（解释1）

如因技术原因记分牌显示双方运动员均得分，按得分时间判断，先得分者获胜。

（解释2）

加时赛中出现击头得分技术在先，击腹得分技术在后，但由于电子护具先确认击腹得分，边裁判员可以立即提请合议，主裁判员召集合议确认后更改比分。击头得分的运动员的教练也可申请录像审议，如果审议委员确认击头得分技术先于击腹得分技术得分，则更改比赛显示记分，主裁判员判击头得分者获胜。

（解释3）

在特定比赛中，如加时赛结束时双方运动员均未得分，则根据赛前公布的称重记录，体重轻者获胜，如称重一致，再进入"有时判定"。

（执裁指导）

优势判定程序：

1.比赛前裁判员携带"优势判定卡"；

2.若比赛进入优势判定程序，主裁判员给出"优势记录"（Woo-se-girok）的口令；

3.主裁判员给出口令后，边裁判员在10秒钟内填写好"优势判定卡"并签名递交给主裁判员；

4.主裁判员收集所有"优势判定卡"并进行统计，依据多数原则判出比赛最后结果，并宣判获胜方；

5.宣判获胜方后，主裁判员把"优势判定卡"交给记录台，再由记录台转交给技术代表存档备查。

第十六条 获胜方式

裁判员等技术官员依据本规则对比赛胜负进行判定。获胜方式包括以下10种：

一、击倒胜

二、主裁判员终止比赛胜

三、比分胜

四、分差优势胜

五、加时赛先得分胜

六、优势判定胜

七、弃权胜

八、对方失去资格胜

九、主裁判员判罚犯规胜

十、特定比赛中,按照称重记录,体重轻者获胜

（解释1）

击倒胜：当一方运动员被合法技术击倒，读秒至"8"时仍不能示意可以继续比赛，主裁判员继续读秒至"10"后，停止比赛，另一方运动员获胜。

（解释2）

主裁判员终止比赛胜：如果主裁判员或者赛事组委会医生确定运动员无法继续比赛，即使1分钟恢复期已过，或者该名运动员不顾主裁判员命令仍想继续比赛，主裁判员应宣布比赛停止，另一方运动员获胜。

（解释3）

分差优势胜：在比赛第2局结束时或者第3局期间，比分差距为12分时，优势方直接提前获胜。

（解释4）

弃权胜：

1.一方运动员在比赛中因受伤或其他原因弃权，另一方运动员获胜。参赛运动员不得在比赛中无故弃权；

2.一方运动员在休息时间到后不继续比赛或不服从命令开始比赛，另一方运动员获胜；

3.教练员向比赛场地扔毛巾示意自己的运动员弃权，另一方运动员获胜。

（解释5）

失去资格胜：

一方运动员称重不合格或比赛前失去运动员身份，另一方运动员获胜。根据失去资格原因不同，处理方式如下：

1.运动员称重不合格，或者参加抽签后未称重：抽签表上将会反映运动员称重失格，并通报相关人员。该场比赛将不选派裁判员，对方运动员不用上场比赛。

2.运动员称重合格，但检录未到：选派裁判员和对方运动员应等待在场上指定位置，直到主裁判员宣布对方运动员获胜。

（解释6）

主裁判员判罚犯规胜：当一方运动员得到"警告"和"扣分"累计5分时，另一方运动员获胜。

（解释7）

体重轻者获胜：为最小化降低比赛判罚的人为因素，鼓励运动员积极进攻，在特定比赛中使用此获胜方式。第四局加时赛结束比分仍为0∶0时，根据赛前公布的称重记录，体重较轻一方获胜。如仍未分出胜负，则进入优势判定。

第十七条　击　　倒

运动员在比赛中受到合法的强有力攻击后，出现以下三种情况之一，判定为"击倒"：

◎除双脚以外的身体任何部位触地；

◎身体摇晃，丧失继续比赛的意识和能力；

◎主裁判员判定被攻击的运动员不能继续比赛。

（解释）

击倒：击倒分为"站立式击倒"和"击倒"2种情况。运动员受击打倒地，或身体摇晃，或不能胜任比赛的要求，可被视为"击倒"。此外，运动员受击打后，继续比赛将有危险或运动员的安全不能保障，也可被视为"击倒"。

第十八条　"击倒"后的处理程序

一、运动员被"击倒"时，主裁判员将采取以下处理程序

（一）主裁判员立即发出"分开"（Kal-yeo）口令暂停比赛，并将进攻运动员置于远处；

（二）主裁判员大声从"1"到"10"向被击倒的运动员读秒，每间隔1秒读1次，并用手势在其面前提示时间；

（三）即使被击倒的运动员在读秒过程中示意可以继续比赛，主裁判员也必须读到"8"，使其获得休息，并确认是否恢复，如已恢复就发出"继续"（Kye-sok）口令继续比赛；

（四）主裁判员读到"8"时，被击倒的运动员仍无法示意可以继续比赛，则读秒至"10"后宣判另一方运动员"击倒胜"；

（五）即使1局或整场比赛时间结束，主裁判员也要继续读秒；

（六）如果双方运动员同时被击倒，有任何一方尚未恢复，主裁判员将继续读秒；

（七）读秒到"10"后双方运动员均不能恢复，应按"击倒"前的比分判定胜负；

（八）主裁判员判定一方运动员不能继续比赛，可以不读秒或在读秒过程中宣判另一方运动员获胜。

二、比赛结束后的处理

因身体任何部位受到击打而被"击倒"判负的运动员30天内不能参加比赛，须由代表单位指定的医生证明并由代表单位有资格的领队或者教练担保。

（解释 1）

首先将进攻者置于远处：在此情况下，进攻方运动员应回到开始比赛时自己所处的位置，但是，如果被击倒的运动员就在进攻方运动员比赛开始时所处的位置上或附近，进攻方运动员应在其教练席前的警戒线处等待。

（执裁指导 1）

主裁判员在执裁过程中应始终保持一种警觉状态，随时准备处理突然出现的"击倒"情况或其他危险状况。一旦出现此类情况，主裁判员应毫不犹豫地发出"分开"（Kal-yeo）口令。

（解释 2）

如果被击倒的运动员在读秒过程中站立起来并示意可以继续比赛，主裁判员也须继续读秒，并通过检查、读秒等办法迅速判断该名运动员的状态。

读秒的根本目的是保护运动员，即使运动员在主裁判员读秒至"8"以前示意可以继续比赛，主裁判员仍应继续读秒至"8"，才能继续比赛。读秒至"8"是强制性的，主裁判员不能随意更改。如果在读秒的过程中发现被击倒的运动员情况危险，需要紧急治疗，主裁判员应一边读秒一边给出召唤医生的手势，让医生马上进行治疗。除非医生认为情况危急需要立即进行抢救，否则主裁判员的读秒程序应当继续进行。读秒"1—10"：Ha-nal，Duhl，Seht，Neht，Da-seot，Yeo-seot，Il-gop，Yeo-dul，A-hop，Yeol。

（解释 3）

主裁判员必须在读秒至"8"之前就能判断出运动员是否恢复。读秒后必须确认运动员的状态是否恢复，此程序必须执行。主裁判员确认运动员已经恢复，就发出"继续"（Kye-sok）口令继续比赛。主裁判员在继续比赛之前不允许无谓地延误时间。

（解释 4）

主裁判员读秒至"8"时，被击倒的运动员仍无法示意可以继续比赛，则读秒至"10"后宣判另一方运动员"击倒胜"。确定"已恢复"的程序为：运动员以实战姿势、紧握双拳数次和主裁判员进行有效的目光交流，示意可以继续比赛。如果运动员在主裁判员读秒至"8"时，仍不能用此程序表示"已恢复"，主裁判员应立即再读秒至"9"、"10"后宣判另一方运动员"击倒胜"。读秒至"8"后，运动员再示意可以继续比赛应视为无效。如果主裁判员判定被击倒的运动员已不能继续比赛，即使该名运动员在主裁判员读秒至"8"时示意可以继续比赛，

主裁判员可以继续读秒至"10"，随后宣布比赛结束，另一方运动员"击倒胜"。

（解释 5）

主裁判员判定一方运动员不能继续比赛是指：当运动员受到明显强烈的击打倒地并处于危险状态时，主裁判员可中断读秒或在读秒的同时要求急救。

（执裁执导 2）

◎主裁判员在读秒过程中应当立即判断运动员的状态，不允许在读秒至"8"后，花费额外的时间去确认运动员是否恢复；

◎当运动员在主裁判员读秒至"8"以前已明显恢复，并示意可以继续比赛，主裁判员也确定运动员状态可以继续比赛，但该名运动员由于需要进行治疗而不能马上继续比赛，主裁判员发出口令的步骤为："分开"（Kal-yeo）、"计时"（Shi-gan），然后转入本规则第十九条的程序。

第十九条　比赛中断的处理程序

一、因一方或双方运动员在比赛过程中受伤而使比赛中断，主裁判员采取以下处理程序。

（一）主裁判员发出"分开"（Kal-yeo）口令，如判断属于因伤比赛中断情况则发出"计时"（Kye-shi）口令，记录台同时开始计时 1 分钟；

（二）允许运动员在 1 分钟内接受治疗；

（三）运动员即使只受轻伤，但 1 分钟后仍不示意可以继续比赛，主裁判员判其负；

（四）因"扣分"行为造成一方运动员受伤，1 分钟后不能恢复比赛，主裁判员判犯规者负；

（五）双方运动员同时受伤，1 分钟后均不能继续进行比赛时，按受伤前双方得分判定胜负；

（六）在医务监督的协助下，主裁判员判定一方运动员严重受伤，明显神志不清或处于危险状态时，应立即中断比赛，安排急救。如果伤害事故是由"扣分"行为造成的，判犯规者负；

（七）因"扣分"行为造成受伤，医务监督鉴定受伤运动员能够继续比赛，主裁判员指令受伤运动员继续比赛，如不听从指令，受伤运动员被判为败方；

（八）因伤不能继续比赛的运动员 30 天内不得参加比赛。

二、如果发生除上述程序以外、合理的需要中断比赛的情况，主裁判员先发出"分开"（Kal-yeo）口令，再发出"暂停"（Shi-gan）口令中断比赛。继续比赛则发出"继续"（Kye-sok）口令。

（解释 1）

主裁判员判定运动员由于受伤或其他任何紧急情况不能继续比赛，可按以下方式处理：

1. 如果一方运动员处于失去知觉或严重受伤等紧急状态，应立即实施急救并结束比赛。

此种情况下，比赛结果将按以下方式判定：

（1）由"扣分"行为造成的，判犯规者负；

（2）由合法技术动作或意外的、不可避免的接触造成的，判不能比赛者负；

（3）由与比赛无关原因造成的，按比赛中断前的得分判定胜负。如果中断比赛发生在第一局比赛结束前，该场比赛无效。

2. 运动员受伤程度不严重，在主裁判员给出"计时"（Kye-shi）口令之后可有1分钟时间接受必要的治疗。

（1）主裁判员判断有必要对受伤运动员进行治疗时，可由赛事组委会医生进行治疗，如有必要，随队医生可以协助治疗；

（2）受伤的运动员能否继续比赛由主裁判员判定，在1分钟治疗时间内，主裁判员可在听取赛事组委会医生意见后，随时给出口令继续比赛，不服从命令继续比赛者将被判负；

（3）受伤的运动员接受治疗或恢复过程中，在"计时"至40秒时，主裁判员每隔5秒钟用受伤运动员可以听到的口令提示时间，运动员在1分钟结束时不能回到指定位置继续比赛，主裁判员必须宣判比赛结果；

（4）主裁判员发出"计时"口令后，无论赛事组委会医生是否参与治疗，1分钟的计时须严格执行。但是，当运动员需要治疗而医生缺席或运动员需要进一步治疗时，主裁判员可以适当延长1分钟的计时限制；

（5）如1分钟后不能继续比赛，比赛结果将根据本条款解释1判定。

3. 如双方运动员受伤，1分钟后均不能继续比赛，或出现紧急情况，比赛结果将按以下方式判定：

（1）如因一方运动员的"扣分"行为造成，则判犯规者负；

（2）如不属于"扣分"行为，比赛结果将按中断比赛时的比分判定。但是，如比赛中断发生在第一局比赛结束之前，则该场比赛无效，赛事组委会将安排在合适的时间重新比赛。如一方运动员在重新比赛时仍不能参赛，则被视为弃权；

（3）如因双方运动员的"扣分"行为引起，则判双败。

（解释2）

因上述条款内容以外的原因造成比赛中断，将按以下方法处理：

1. 因不可控制的情况需要中断比赛，主裁判员将中断比赛并服从赛事组委会的指示；

2. 如果第二局比赛结束后比赛中断，且比赛不能继续进行，根据比赛中断之前的比分判定胜负；

3. 如果第二局比赛结束前比赛中断，原则上将安排重新比赛，并进行全部3局的比赛。

第二十条　技术官员

一、技术代表

（一）资格：资深跆拳道专家或国际裁判员，由中国跆拳道协会任命；

（二）职责：全面指导、决定、监督竞赛和裁判员工作，同时履行仲裁委员会主任的职责。确认竞赛规则和判罚尺度，主持赛前技术会议与抽签；确认抽签与称重结果；如有必要，技术代表可以要求主裁判员场上召集合议；技术代表有权对规则没有描述的范畴外的问题做最终裁决。

二、竞赛监督机构

（一）组成：各类跆拳道竞赛可根据需要设立竞赛监督机构（竞赛监督委员会或赛风赛纪督察组），由若干具有行政管理、跆拳道竞赛和裁判专业背景的资深人士组成；

（二）职责：

1.监督和检查各项竞赛及赛风赛纪工作；

2.依据《跆拳道竞赛纪律处罚办法》等文件对违背有关规定和体育道德的当事人，运动队进行处罚。

三、仲裁委员会

（一）组成：各类跆拳道竞赛须设立仲裁机构，由若干委员组成仲裁委员会行使职责；

（二）职责：协助技术代表负责竞赛和技术方面的工作；确保比赛按照程序进行；评估录像审议委员和临场裁判员的执裁判罚情况；对比赛中出现的违纪违法行为和个人予以制裁和处罚；处理与竞赛相关的其他事宜。

四、录像审议委员

（一）资格：国际级裁判员。

（二）组成：一块场地比赛由2名录像审议委员负责录像审议。

（三）职责：受理录像审议，1分钟内做出裁定结果，告知主裁判员。

五、裁判员

（一）资格。

1.在中国跆协登记注册有效，同时属于中国跆协个人会员，持有中国跆协或世跆联颁发的有效裁判员资格证书者；

2.参加由中国跆协定期组织举办的裁判员培训班并通过考核者；

3.裁判员须穿着中国跆协指定的裁判员服装，禁止携带妨碍比赛的物品。

（二）裁判员配备与岗位设置。

1.使用普通护具时，一般须设1名主裁判员和4名边裁判员；

2.使用电子感应护具时，一般须设1名主裁判员和3名边裁判员。

（三）主裁判员或边裁判员与场上运动员属同一单位或有连带关系时须回避。

（四）如有需要，每场比赛可增派 1 名替补裁判员和 2 名替补审议委员，若比赛出现严重问题，由技术代表提出更换。

（注释 1）

中国跆协举办的裁判员培训班是指各类目的在于提高裁判员业务水平的学习班。

（注释 2）

中国跆协所属团体会员单位举办各级各类跆拳道裁判员学习班，必须经过中国跆协批准认可。

（注释 3）

边裁判员的配备可以根据比赛的实际情况进行人数上的调整。但 1 名主裁判员和边裁判员多数判定的基本原则不能更改。

（三）职责与任务

1. 主裁判员

◎依据本规则的规定，掌握和控制整场比赛，确保比赛安全、公正、精彩；

◎比赛过程中根据场上情况即时发出"开始"（Shi-jak）、"分开"（Kal-yeo）、"暂停"（Shi-gan）、"继续"（Kye-sok）、"计时"（Kye-shi）、"扣分"（Gam-jeom）、"警告"（Kyong-go）、"结束"（Ke-man）等口令，并判定胜负；

◎依据本规则独立行使判决权利；

◎原则上主裁判员不参与计分，但是，如果比赛中 1 名以上的边裁判员举手提示有得分未被计分，主裁判员将召集 3 名边裁判员进行合议，合议结果遵循 3 名边裁判员意见少数服从多数的原则；

◎加时赛结束时双方运动员均未得分，并在特定比赛中体重一致时，由主裁判员召集场上 3 名边裁判员按照本规则第十五条第 2 款判定胜负。

2. 边裁判员

◎即时记分；

◎对"优势判定"进行独立评判；

◎如实回答主裁判员的问询；

◎站立举手提出合议，及时提醒主裁判员对比赛中出现的明显计分错误进行合议。如有需要，在本场比赛结束后填写合议单，并签字确认；

◎举手提示主裁判员场上出现的其他情况，如教练员要求录像审议，运动员护具脱落等。

（四）裁判员判定责任：裁判员的判罚对仲裁负责；不通过仲裁，比赛结果不能变更。

（注释 4）

竞赛监督部门、仲裁委员会发现裁判员不能胜任执裁工作，没有公正执裁或出现无理由的错误时，可通过技术代表更换裁判员。

（执裁指导）

在 1 次合法技术击头或旋转技术击中有效得分部位的情况下,如果因为边裁判员记分不一致,使得该次得分未被计分时,任何 1 名临场裁判员应立即提议进行合议。主裁判员下达"暂停"（Shi-gan）口令中断比赛,召集边裁判员合议,由主裁判员公布合议结果。然而,当场上 1 名教练员提出录像审议申请时,主裁判员应接收教练员的申请。本条款也适用于以下情况:主裁判员读秒出错,边裁判员应在主裁判员数到"3"或者"4"时提出不同意见。

五、记录员

（一）资格:国家一级以上裁判员。

（二）职责:负责比赛计时;按照主裁判员的指令加、减分;记录并公布得分、减分;记录比赛结果和获胜方式;联络提醒电脑操作员及时开始或暂停比赛。

六、医务监督

（一）资格:具备医生资格证,由主办单位或赛事组委会选派;

（二）职责:在运动员受伤时对其进行及时治疗、抢救;协助主裁判员对运动员的"伪装受伤"、"击倒"等情况进行及时判断;协助裁判员对运动员进行赛前检查。

第二十一条　即时录像审议

一、目的

即时录像审议（以下简称录像审议）的目的是以录像画面为依据,以规则条款为准绳,对临场重大错误进行及时修正,原则上尊重场上裁判员的临场决定。

二、录像审议委员（以下简称审议委员）

每场比赛设审议委员 2 名,共同对比赛画面提出意见,如意见不一致,则由技术代表最终认定。

三、审议程序

（一）比赛中教练员对裁判员的判罚或记分有异议,可向主裁判员申请进行"录像审议";

（二）当教练员提出申请时,主裁判员应询问其申请理由。可以申请"录像审议"的理由仅限于事实判断错误,比如击打力度,动作、行为的严重程度,故意与否,动作时效的判断错误等;使用电子护具的比赛中,由电子护具感应器识别的得分不在审议范围内;教练员应在一次交手动作发生后 5 秒钟内对该次动作提出审议申请;

（三）主裁判员应要求审议委员对申请内容进行"录像审议",审议须遵循回避原则;

（四）审议委员应在接受审议后 1 分钟内,通过录像审议做出判决,告知主裁判员判决结果。

四、审议配额

(一)每1场比赛中,教练员可以提出1次"录像审议"申请。如果该次申请成功且相关判罚或记分被更正,可继续提出申请;预赛2张审议牌,决赛每场2张,奖牌争夺战追加1张。

(二)在1次赛事中,教练员为运动员提出"录像审议"申请的总次数不受限制。但是,如果为1名运动员申请"录像审议"失败的次数超出审议配额,则不得再提出申请;根据赛事规模,技术代表可决定比赛"录像审议"的配额。

五、审议裁决

(一)审议委员的裁决是最终裁决,在比赛中和比赛后不接受更进一步的申诉。

(二)如果出现比赛结果判定错误、比分计算错误或者运动员身份识别错误等严重错误的情况,场上任何一名裁判员可以暂停比赛,通过裁判员合议更正错误。

(三)如果相关判罚或记分被更正,竞赛监督与仲裁机构应在当天比赛结束后,对该场比赛进行调查。如有必要,对相关裁判员进行处罚。

(解释1)

为最大限度减少跆拳道竞赛中的错判、误判和漏判,维护跆拳道竞赛的公平与公正,制定"录像审议"条款,并根据竞赛工作的实际情况组织实施。

(解释2)

审议组由2名审议委员组成。"录像审议"的过程无需向公众公布,由审议组独立完成。

(解释3)

教练员针对双方运动员的判罚和记分均可申请"录像审议";如果双方教练员同时申请"录像审议",主裁判员将同时受理。

(解释4)

任何情况下,教练员一旦站立举起青/红审议牌申请录像审议,将被视为使用该次配额。每局比赛结束时,只要符合5秒原则,审议申请均可以被接受。

(执裁指导)

"录像审议"的程序:

1. 比赛开始前,本场主裁判员向拥有配额的教练员发放申请"录像审议"时使用的"青"、"红"审议牌;

2. 比赛中,青(红)方教练员站立举青(红)牌向主裁判员示意,申请"录像审议";

3. 主裁判员暂停比赛,走近教练员询问审议内容并收取申请牌,回到场地中央并面向审议委员席,举青(红)牌并发出"青(红)方录像审议"的口令;

4. 主裁判员告知审议委员审议内容后,审议委员进行录像审议。技术代表及竞赛监督机构代表可监督审议;

5.审议委员对比赛录像进行审议得出结果,填写"录像审议"记录单。审议委员、技术代表在记录单上签字后审议结果方可生效;

6.审议结束后由审议委员告知主裁判员审议结果,主裁判员执行审议结果后继续比赛(如申请审议方获得成功,主裁判员将审议牌交还该名教练员)。

四、申诉

在无法使用录像审议的赛事中,将采用下述申诉程序:

参赛运动队如对裁判员的判罚有反对意见,须在该场比赛结束后10分钟内,由参赛队代表向仲裁委员会提交申诉书,并交纳申诉费2000元人民币。由仲裁委员会对申诉内容进行审查,根据本规则做出"受理"或"不受理"的决定。

(一)审议与裁决

1.审议时,与申诉方同单位的仲裁委员应回避。

2.必要时,可质询临场执裁的裁判员,查询比赛记录表、仲裁录像等物质证据。

3.由参加审议的仲裁委员以无记名投票方式进行裁决,半数以上委员的决定为最终判定。仲裁委员会须在受理申诉后15分钟内做出裁决并形成书面报告公之于众。

4.仲裁委员会的裁决结果为该场比赛的最终判定。

(二)竞赛监督委员会有权对审议裁决的全过程进行监督;

(三)中国跆协依据本规则制定《跆拳道竞赛仲裁条例》,由仲裁委员会执行。

(注释1)

审议与裁决的基本依据:

——如果比赛结果判定错误,或出现比分计算错误,或对青红方运动员身份识别错误,将更改原判决;

——仲裁委员会认定裁判员在执行规则时出现明显错误,可以更改原判决,并依据有关规定处罚相关裁判员。

(注释2)

裁决结果与比赛结果一致或者出现平局时,则维持原判;与比赛结果不一致时,则更改原判决。

第二十二条 制裁与处罚

一、组成:竞赛处罚委员会由比赛监督机构与仲裁委员会构成。

二、职责:依据《跆拳道项目纪律处罚规定》,负责对参赛运动员、教练员、技术代表、裁判员、工作人员、代表队和竞赛承办单位等违反竞赛纪律及比赛规定的行为做出处罚。

三、发布:处罚决定由中国跆拳道协会负责发布与解释。

第二十五条　本规则未明文规定的情况

出现本规则未明文规定的情况,按以下办法处理:

一、与比赛相关的事宜,根据该场比赛临场裁判员的一致意见决定。

二、与比赛无关的事宜,由比赛技术代表处理决定。

三、赛事组委会在各场地安排录像设备,对比赛过程进行记录和保存以备查。

附:跆拳道竞技比赛主裁判员执裁标准手势

1. 召集运动员就位

双手握拳,拇指扣于中指,食指朝上,与耳部同高。

手臂依次伸直,右手食指指向斜下方青方运动的准备位置,并发出"青方"(Chung)的口令;随后左手食指指向红方运动员的准备位置,发出"红方"(Hong)的口令(见图 7-6)。

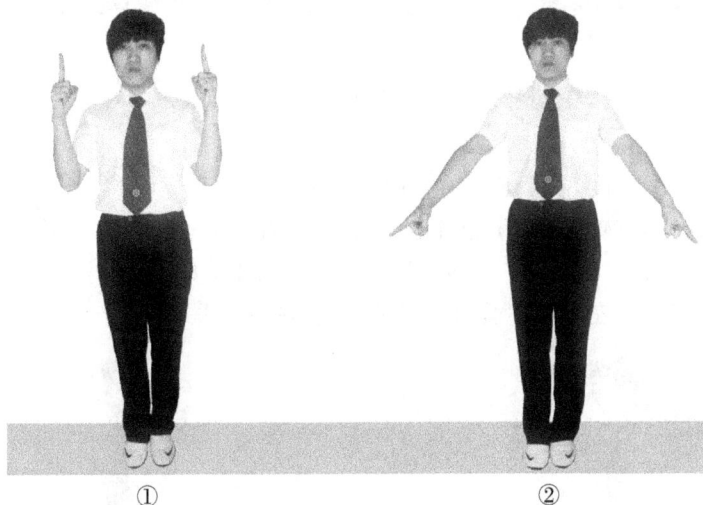

①　　　　　　　　　　　　②

图 7-6　召集运动员

2. "立正""敬礼""戴上头盔"

立正:掌心相向,拇指紧紧内扣,抬至与眉同高,大臂在身体两侧与躯干呈 45 度,发出"立正"(Cha-ryeot)的口令(见图 7-7)。

敬礼:手掌向下扣于躯干中点的位置,在胸骨正下方,同时发出"敬礼"(Kyeong-rye)的口令。两手指尖、双手与躯干的间隔均为一拳(见图 7-7)。

戴上头盔:发出"敬礼"的口令之后,手势示意运动员"戴上头盔"(put on head protector),手臂弯曲 45 度,手掌张开,提至头部高度(见图 7-7)。

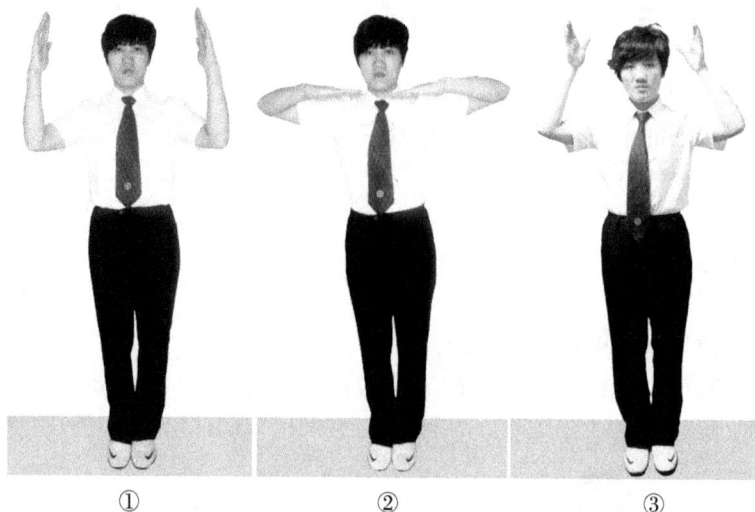

①　　　　　　②　　　　　　③

图 7-7　立正、敬礼、戴上头盔

3."准备"

右臂向上弯曲 45 度,右手至与右耳同高的位置。

右手手指伸直,右臂伸直,下落至躯干中点位置停止,在胸骨正下方。左腿向前一步,形成弓步站势,并发出"准备"(Joon-bi)的口令(见图 7-8)。

◎做上述姿势时,左臂自然垂直在身体一侧,左手微握拳。

①　　　　　　　　　　　　②

图 7-8　准备

4．"开始"

撤回左腿，由"准备"姿势转换为"虚步"站姿，手掌张开，双臂与肩膀呈45度。快速将双臂移至胸前25cm处，此时手掌相向，发出"开始"(Shi-jak)的口令（见图7-9）。

①   ②

图 7-9　开始

5．"分开""结束"

手掌张开，右臂在躯干中点位置伸直，在胸骨正下方，使用"左走步"站姿，并发出"分开"(Kal-yeo)或"结束"(Keu-man)的口令（见图7-10）。

图 7-10　分开、停　　　　　　图 7-11　继续

6."继续"

由走步姿势收回至并步站姿,右臂向上弯曲,直至手指与右耳相近,发出"继续"(Kye-sok)的口令(见图7-11)。

7.一局比赛结束

一局比赛结束,发出"分开"(Kal-yeo)或"结束"(Keu-man)的口令后(见图7-10)。

手握拳,双臂抬至躯干中点的高度,右臂向青方教练席伸直,左臂向红方教练席伸直,双臂呈180度,手掌分别面向"青方"和"红方"两侧(见图7-12)。

图7-12　一局结束

8.结束比赛

在比赛结束发出"分开"(Kal-yeo)或"结束"(Keu-man)的口令后:发出"立正"(Cha-ryeot)的口令;做出手势示意运动员"摘下头盔";发出"敬礼"(Kyeong-rye)的口令;手势动作表述与第二条"立正""敬礼""戴上头盔"相同,但步骤不一样,结束比赛是"立正""摘下头盔""敬礼"(见图7-13)。

图 7-13　立正、摘下头盔、敬礼

9.宣判结果

若青方运动员获胜右手握拳置于躯干中点,在胸骨正下方手掌张开,右臂斜向上 45 度伸直,同时发出"青胜"(Chung Seung)的口令(见图 7-14)。

◎宣判一方运动员获胜时,另一只手臂微握拳自然垂直在身体一侧。

◎如果红方运动员获胜,用左手重复上述程序,并发出"红胜"(Hong Seung)的口令。

图 7-14　宣判结果

10."优势判定"

如果加时赛后仍未决出胜负：主裁判员往后撤两步，由左脚开始；双脚并拢，以"立正"（Cha-ryeot）的姿势站好，并给出"优势记录"（Woo-se-girok）的口令。

11."计时"

右臂前伸，手臂内角呈 135 度，食指指向记录台，给出"计时"（Kye-shi）的口令（见图 7-15）。

图 7-15　计时　　　　　　　　　　图 7-16　暂停

12."暂停"

左手食指在外，双手食指交叉，稍低于鼻子的高度，指向记录台并发出"暂停"（Shi-gan）的口令（见图 7-16）。

13.读秒

左臂放松，右手大拇指放在左肩旁。读秒由"1"至"5"时，由大拇开始指依次每隔 1 秒读一次。读秒至"5"时，右手手掌面向被击倒的运动员。以同样的程序换至左手，左手拇指由右肩的位置开始，读秒由"6"至"10"，并在读秒的过程中站起身。读秒至"10"，左手手掌张开面向被击倒的运动员（见图 7-17）。

（读秒应确保在被击倒运动员可听或可见的范围内进行，同时主裁判员可以检查被击倒运动员的状态。）

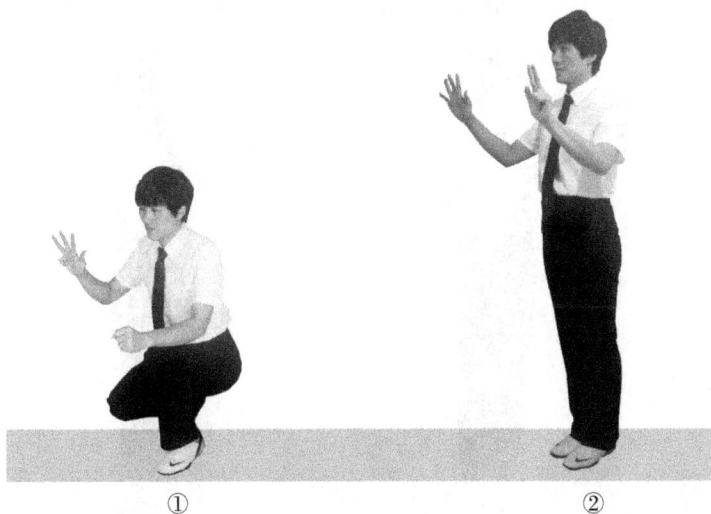

图 7-17　读秒

14. 召集边裁判员合议

若有边裁判员在其座位上举手示意，主裁判员可召集边裁判员进行合议。手掌张开，双臂延展至内角 135 度，收回双臂至躯干中点高度，在胸骨正下方（见图 7-18）。

图 7-18　召集边裁判合议

15. 召集组委会医务人员

如果主裁判员判定运动员处于危险状态，需要医生治疗，主裁判员应立即将右臂伸

直并收回至右耳的高度,同时大喊"医生,医生"(Doctor,Doctor)(见图 7-19)。

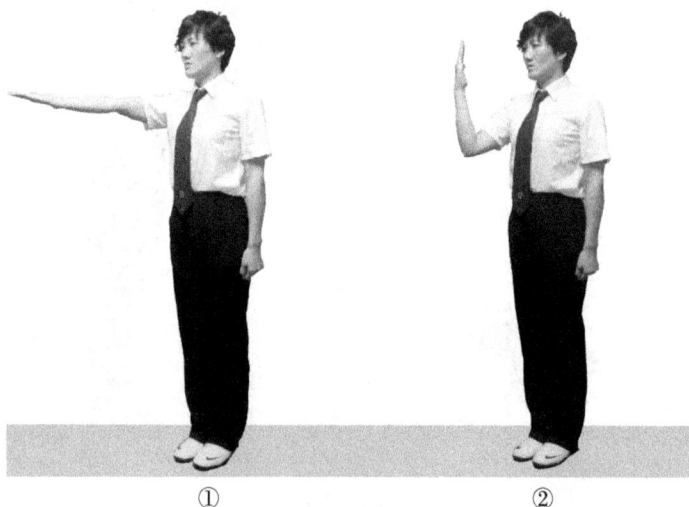

①   ②

图 7-19   召集组委会医务人员

16."警告"

从右耳的位置开始动作,右臂弯曲,右手握拳,食指伸直。

手臂伸开至 45 度,食指对准犯规运动员,发出口令"青方"或者"红方"。

右臂弯曲,右手握拳,置于左胸的位置。

右臂伸直,食指指向犯规运动员额头的方向,给出"警告"(Kyong-go)的口令(见图 7-20)。

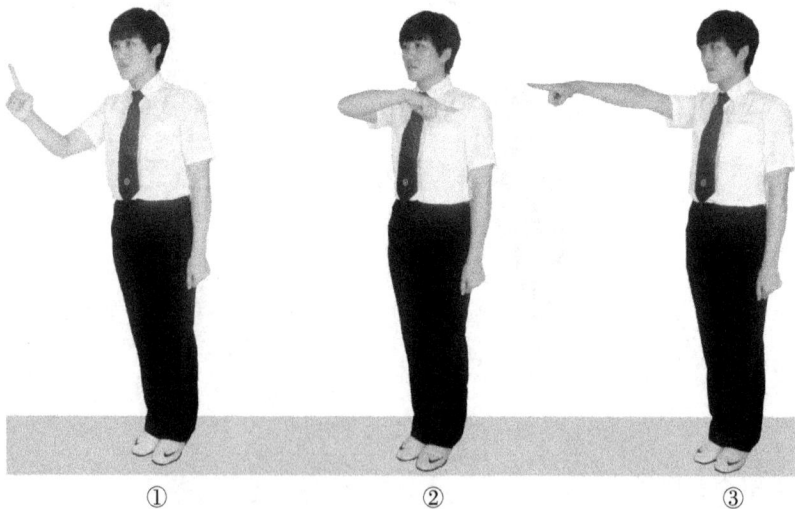

①   ②   ③

图 7-20   警告

17. "扣分"

从右耳的位置开始动作,右臂弯曲,右手握拳,食指伸直。

手臂伸开至45度,食指对准犯规运动员,发出口令"青方"或者"红方"。

"立正"姿势,右手臂垂直向上伸直,食指指向上方,发出"扣分"(Gam-jeom)的口令(见图7-21)。

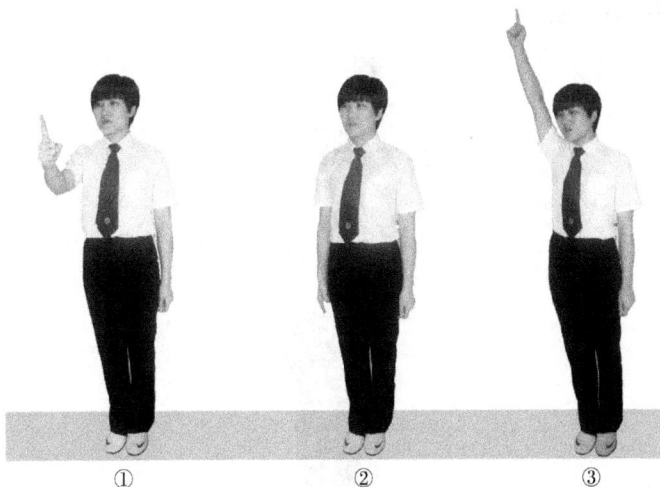

图7-21 扣分

18. 销分

竞赛规则第十二条第五点规定"分开"(Kal-yeo)口令后的得分无效。"立正"姿势,右手手掌抬至额前20厘米处。水平从右至左摆动,幅度与肩同宽,示意抹掉得分(见图7-22)。

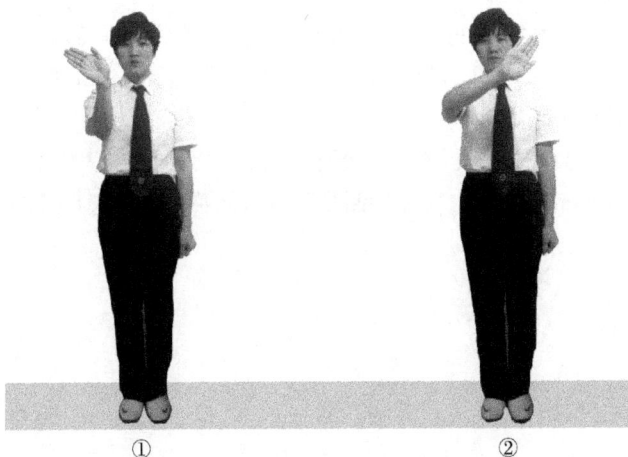

图7-22 销分

完成图 7-22 的动作后,向记录台发出"暂停"(Shi-gan)的口令,并宣布对犯规运动员的处罚,随后在给出"继续"(Kye-sok)的口令后继续开始比赛。

19. 即时录像审议申请

应教练员要求,主裁判员应宣布"即时录像审议申请"(instant video review request)。右手持教练员给出的审议牌,举至头顶上方,面向审议台,给出"青"或"红""录像审议"(Video Replay)的口令(见图 7-23)。

图 7-23　即时录像审议申请

20. 录像审议后加分

若录像审议后认定确实有得分,面向记录台,右臂举至头部高度,如图所示,发出"青"或"红""1 分"(Il-jeom)、"2 分"(Eui-jeom)、"3 分"(Sam-jeom)的口令(见图 7-24)。

21. 录像审议后销分

若录像审议后认定得分无效,面向记录台,发出"青"或"红""1 分"(Il-jeom)、"2 分"(Eui-jeom)、"3 分"(Sam-jeom)的口令(见图 7-24),然后遵循第 18 条的程序(见图 7-22)。

1分   2分   3分

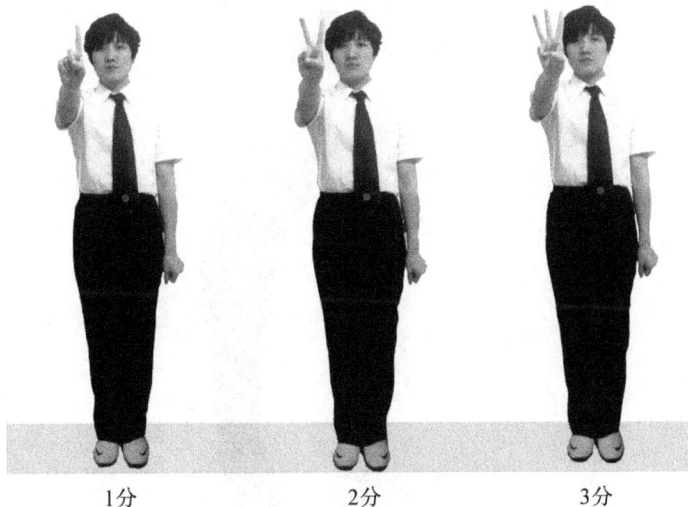

图 7-24　录像审议后加分

22. 录像审议后"警告"

若录像审议后判定有犯规行为,主裁判员应按照第十六条"警告"(Kyong-go)的程序进行宣判。

23. 录像审议后除"警告"

若录像审议后判定无犯规行为,面向记录台,发出"青"或"红""警告"(Kyong-go)口令,按照第 18 条程序执行。

24. 录像审议后"扣分"

若录像审议后判定有"扣分"行为,主裁判员将按照第十七条执行。

25. 录像审议后除"扣分"

若录像审议后判定无"扣分"行为,面向记录台,发出"青"或"红""扣分"(Gam-jeom)口令,按照第 18 条程序执行。

26. 录像审议成功

主裁判员应走向教练席,将审议牌有礼貌地还给教练员(见图 7-25)。

图 7-25　录像审议成功

27. 录像审议失败

主裁判员应回到执裁位置,将审议牌收在衬衫口袋中并宣布继续比赛(见图 7-26)。

图 7-26　录像审议失败

28. 边裁判员

比赛中,边裁判员应该后背挺直,坐姿端正,认真观察场上比赛情形,随时对突发情

况做出判断。当视线被主裁判员或一方运动员挡住时,应立即离座寻找最佳角度(见图7-27)。

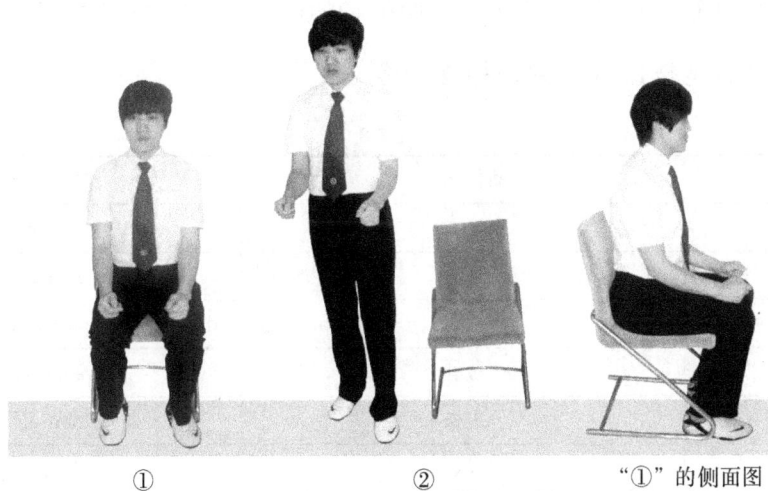

①   ②   "①"的侧面图

图 7-27　边裁

29. 提示合议

边裁判员不离开座位,举起右手,掌心面向主裁判员(见图7-28)。

图 7-28　提示合议

第二十四条　附　则

本规则自颁布之日起执行,具有独立性和排他性。最终解释权归中国跆拳道协会。

附:跆拳道竞技比赛裁判员标准口令

表 7-8

序　号	动作名称	国际用语
1	青方	Chung
2	红方	Hong
3	立正	Cha-ryeot
4	敬礼	Kyeong-rye
5	准备	Joon-bi
6	开始	Shi-jak
7	分开	Kal-yeo
8	结束	Keu-man
9	继续	Key-sok
10	计时	Kye-shi
11	暂停	Shi-gan
12	警告	Kyong-go
13	扣分	Gam-jeom
14	注意	Joo-eui
15	青方获胜	Chun-Seung
16	红方获胜	Hong-Seung
17	进攻	Fight
18	即时录像审议	Video Replay
19	优势记录	Woo-se-girok
20	一	Ha-nah
21	二	Duhl
22	三	Seht
23	四	Neht

序　号	动作名称	国际用语
24	五	Da-seot
25	六	Yeo-seot
26	七	Il-gop
27	八	Yeo-dul
28	九	A-hop
29	十	yeol
30	休息	Hyu-sik

第二节　跆拳道品势比赛规则

第一条　目　的

本规则是中国跆拳道协会(CTA)根据世界跆拳道联合会(WTF)跆拳道品势比赛规则而制定的,是中国跆拳道协会及其所属团体会员单位主办或组织的品势跆拳道竞技所使用的统一规则,目的是保证竞赛公平顺利地进行。

第二条　适用范围

本规则适用于中国跆拳道协会及其所属团体会员举办的各类跆拳道品势比赛。如需改动有关条款,须经中国跆拳道协会认可。

第三条　比赛场地

比赛场地为 12 米×12 米水平、无障碍物、正方形的场地。

比赛场地应铺设有弹性的、平整的、经中国跆拳道协会制定或推荐的专用比赛垫子。必要时,比赛场地可根据实际需要置于高于地面 0.5～0.6 米的平台上。为保证运动员的安全,比赛场地边界线外应有与地面夹角小于 30 度的斜坡。

一、比赛场地的划分

(一)将 12 米×12 米的正方形场地内成为比赛区。

(二)比赛场地四周的外缘线称为警戒线。

二、位置

（一）裁判员数量：7 名裁判员。

（二）主裁判员位置：1 号裁判员席。

（三）运动员位置：在比赛场地中心点向 3 号警戒线方向 1 米处。

（四）记录员席：位于 2 号警戒线中央向外 2 米处。

（五）执行员位置：在赛场内 1 号警戒线与 4 号警戒线交点处向选手位置 1 米处。

（六）教练员位置：3 号警戒线与 4 号警戒线交点处向场地外 3 米处。

（七）检查台位置：在赛场入口处设置检查台。

（八）比赛场地平面图（见图 7-29）。

　　　　Rec：记录员

　　　　J1、J2、J3、J4、J5、J6、J7：裁判员位置

　　　　C1：比赛区

　　　　C2：教练员位置

　　　　C3：运动员位置

　　　　C4：执行员位置

　　　　1、2、3、4：警戒线

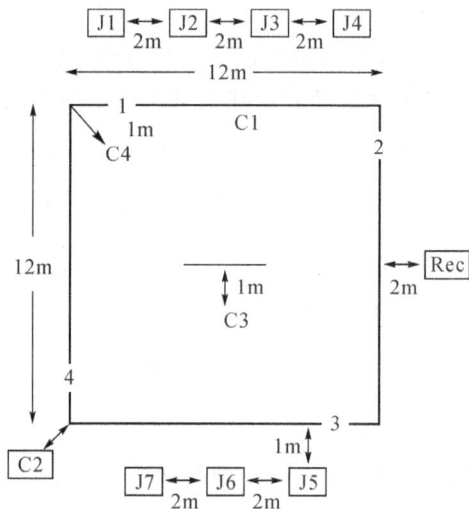

图 7-29　品势比赛场地平面图

第四条　运动员

一、运动员资格

（一）在中国跆拳道协会注册的团体会员及个人会员；

（二）当年度在中国跆拳道协会注册；

（三）根据比赛要求，持有韩国国技院授予的品、段位或中国跆拳道协会颁发的级别证书；

（四）符合竞赛规程各年龄组要求。

二、比赛服装

身着白色道服，并且是中国跆拳道协会认可的品牌。

三、药物控制

（一）禁止使用或服用被国际奥委会禁用的药品；

（二）中国跆拳道协会认为需要时可进行药检，以确认运动员是否违反规定，任何拒绝药检或药检证明触犯有关规定者，将取消其比赛成绩，并将比赛成绩顺序递补给其后的运动员，同时根据有关规定对该名运动员进行处罚；

（三）组委会有义务保障药检工作；

（四）中国跆拳道协会关于违禁药物的其他规定。

第五条　比赛的种类

一、个人比赛

（一）男子个人赛

（二）女子个人赛

二、混双比赛

三、团体比赛

（一）男子团体赛

（二）女子团体赛

第六条　组别划分及竞赛内容

一、世锦赛比赛组别划分及竞赛内容（见下表）

表 7-9

组　别		青少年组 （14～18岁）	成年一组 （19～30岁）	成年二组 （31～40岁）	壮年一组 （41～50岁）	壮年二组 （51岁以上）
个人	男子	太极 4,5,6,7,8章，高丽，金刚，太白	太极 6,7,8章，高丽，金刚，太白，平原，十进	太极 6,7,8章，高丽，金刚，太白，平原，十进	太极 8章，高丽，金刚，太白，平原，十进，地跆，天拳	高丽，金刚，太白，平原，十进，地跆，天拳，汉水
	女子					

续表

组　别		第一组(14~35 岁)	第二组(36 岁以上)
混　合		太极 6,7,8 章,高丽,金刚, 太白,平原,十进	太极 8 章,高丽,金刚,太白, 平原,十进,地跆,天拳
团体	男子	太极 6,7,8 章,高丽,金刚, 太白,平原,十进	太极 8 章,高丽,金刚, 太白,平原,十进,地跆,天拳
	女子		

二、全国比赛组别划分及竞赛内容(见表 7-10)

表 7-10

分类	组别(男、女)	第一指定品势	第二指定品势
个人	儿童组(8 岁以下)	太极 1,2,3 章	太极 4,5,6 章
	少儿组(9~12 岁)	太极 3,4,5 章	太极 6,7,8 章
	少年组(13~17 岁)	太极 5,6,7 章	太极 8 章、高丽、金刚
	青年 1 组(18~24 岁)	太极 8 章、高丽、金刚	太白、平原、十进
	青年 2 组(25~30 岁)	太极 8 章、高丽、金刚	太白、平原、十进
	成年 1 组(31~40 岁)	太白、平原、十进	地跆、天拳、汉水
	成年 2 组(41 岁以上)	太白、平原、十进	地跆、天拳、汉水
混双	少儿组(12 岁以下)	太极 4,5,6 章	太极 7,8 章、高丽
	少年组(13~17 岁)	太极 6,7,8 章	高丽、金刚、太白
	青年组(18~30 岁)	太极 8 章、高丽、金刚	太白、平原、十进
	成年组(31 岁以上)	金刚、太白、平原	十进、地跆、天拳
团体	少儿组(12 岁以下)	太极 4,5,6 章	太极 7,8 章、高丽
	少年组(13~17 岁)	太极 6,7,8 章	高丽、金刚、太白
	青年组(18~30 岁)	太极 8 章、高丽、金刚	太白、平原、十进
	成年组(31 岁以上)	金刚、太白、平原	十进、地跆、天拳

注:1. 个人比赛一般在同年龄组运动员之间进行。必要时,可把相邻两个组别合并产生一个新的组别。任何运动员在一次赛事中只允许参加一个组别的比赛。

2. 混双比赛的参赛运动员为同年龄组的男、女运动员各一人。

3. 团体比赛的参赛运动员为同年龄组、同性别的 3~5 名运动员。

第七条　比赛方式

一、中国跆拳道协会主办的全国性竞赛每个组别至少有 5 人(组)
运动员参赛,不足 5 名的根据情况可与邻近组别合并。

二、比赛方式按下面方式划分

（一）单败淘汰制

在没有电子打分器的情况下，采用单败淘汰制。

（二）CUT OFF 制

在使用电子打分器的情况下，采用 CUT OFF 制。

1.预赛：从各组别第一指定品势中抽选一种进行比赛；根据预赛得分高低，从参赛运动员中选拨出前 50％人数的运动员进入半决赛。

2.半决赛：从各组别第二指定品势中抽选一种进行比赛；根据半决赛得分高低，选拔出前 8 名运动员进入决赛。

3.决赛：从各组别第二指定品势中排除半决赛制定的品势后，抽选两种品势比赛，取两套品势的平均分，根据决赛得分高低选出前 3 名。

注：世界锦标赛则是从各组别所有竞赛规定品势中任意抽选一种，再自动连接下一套品势进行初赛，如初赛抽中高丽，则表示初赛要打高丽、金刚两套品势。然后再按上以形式，在排除已抽出品势后，抽取半决赛、决赛的品势，每一阶段打两套品势，取两套品势的平均分决定运动员名次再进入下一轮比赛。

第八条　比赛时间

每场比赛时间为 1 分 30 秒；决赛时，在两套品势之间休息 1 分钟。（世锦赛则是在每阶段比赛每套品势间休息 1 分钟。）

第八条　抽　　签

一、抽签方式包括电脑抽签和人工抽签两种；

二、抽签在中国跆拳道协会官员及有关人员组织下，在比赛开始前的参赛队、领队代表会议上进行；

三、抽签结果在代表会上当场公布；

四、没有参加抽签仪式的参赛队必须完全接受抽签结果。

第九条　犯规行为与处罚

一、犯规行为由场内主裁判判罚。

二、处罚分为警告（Kyong-go）和扣分（Gam-jeom）。

三、教练员及运动员有下列行为时，主裁判员将依据其行为对大赛的消极影响程度对其进行警告或扣分处罚，其行为包括但不限于：

（一）运动员或教练员有不良言行；

（二）运动员或教练员打断比赛进程或使用过激言语、严重违反体育道德；

（三）运动员违背竞赛规则或故意不服从裁判员的判分结果；

（四）为了影响裁判员或执行员的判断而煽动群众；

（五）其他影响比赛进行或产生恶劣影响的行为。

四、主裁判下达"警告"（Kyong-go）或"扣分"（Gam-jeom）而暂停比赛时，比赛时间根据主裁判员发出"暂停"（SHI-GAN）口令的同时而暂停，直到主裁判发出"继续"（Kye-sok）口令，比赛继续进行。

第十条　比赛程序

一、运动员检录

比赛检录员在比赛检录处按出场顺序进行运动员检录，每次 10 场比赛（比赛开始 1 分钟内未到场的运动员将取消其比赛资格）。

二、身体及服装检查

检录完毕的运动员到规定的检查员处进行身体及服装检查。运动员不得携带任何可能给对方运动员造成伤害的物品。运动员所着道服不符合中国跆拳道协会规定的不得参加比赛。

三、运动员入场

检查完毕的运动员与 1 名教练员到等待席准备比赛。

四、比赛的开始和结束

主执行员下达"开始"（Shi-jak）口令开始比赛。结束时用"还原"（Ba-lo）口令结束。即使主执行员没有发出还原口令，比赛仍将按照比赛规定结束的时间结束。

五、比赛步骤

（一）运动员根据执行员的"运动员入场"（Shen-su-yip-zhang）口令，从场地第二和第三警戒线沿着第三警戒线，走到第三警戒线中央后右转身行进到离场地中心点的第三警戒线方向 1 米处位置，做好比赛准备。

（二）运动员根据主执行员的"立正"（Cha-ryeot）和"敬礼"（Kyeong-rye）口令，向前、后方的裁判员行礼。

（三）运动员根据主执行员的"品势准备"（Poomsae-joon-by）口令，做好品势准备姿势后，根据"开始"（Shi-jak）口令，进行赛会抽签决赛的比赛内容。

（四）运动员完成指定品势后，在最后一个动作停留，根据主执行员的"还原"（Ba-lo）口令，还原到准备姿势。

（五）根据主执行员的"立正"（Cha-ryeot）和"敬礼"（Kyeong-rye）口令，向前、后方的裁判员行礼后，站在原地等待裁判员判分。[进行两套品势一轮的比赛，如全国赛之决赛阶段可在打完第一套品势后，在主执行员发出"运动员退场"（Shen-su-tue-zhang）的口令后，运动员退场休息，无须等待打分。]

（六）主执行员在收到裁判员判分结束信号后，发出"公布分数"（Zhem-su-pyo-cul）口令，运动员的分数将会在比赛显示屏上显示。

（七）在主执行员发出"运动员退场"（Shen-su-tuezhang）的口令后，运动员按照进场时的路线退出赛场。

第十一条　主执行员

一、资格

必须持有国技院颁发的段位证书及中国跆拳道协会颁发一级以上大众跆拳道裁判员资格证。

二、任务

（一）一场比赛有 1 名主执行员；

（二）主执行员负责引导运动员入场及退场；

（三）主执行员负责执行比赛中的所有口令及宣布运动员该场比赛得分；

（四）负责其他为了使比赛顺利进行而进行的辅助性工作。

第十二条　判　分

判分参照世界跆拳道联合会品势规则中的有关规定执行，包括以下三项判分标准。

一、准确度

准确度的判分点包括基本动作和各品势动作的准确度。

二、熟练度

熟练度的判分点包括动作的幅度、平衡性及动作的速度和力量。

三、表现力

表现力的判分点包括动作的刚柔、缓急、节奏和运动员表现出的气势。

详细判分标准见第十三条的评分方法和第十四条裁判员判分标准。

第十三条　评分方法

一、总分为 10 分

二、分数组成

（一）准确度

1.基本分数为 5 分；

2.扣分点：

（1）在完成品势的过程中，出现细小失误时每次扣 0.1 分；

（2）在完成品势的过程中，出现明显错误时每次扣 0.5 分。

（二）熟练度

1.基本分数为 3 分；

2.扣分点：

(1)动作幅度、平衡性、动作速度及力量在比赛中出现细小失误时每次扣 0.1 分；

(2)动作幅度、平衡性、动作速度及力量在比赛中出现明显错误时每次扣 0.5 分。

(三)表现力

1.基本分数为 2 分；

2.扣分点：

(1)比赛中动作的刚柔、缓急、节奏以及气势不能够明确地表现出来时每次失误扣 0.1 分；

(2)比赛中动作的刚柔、缓急、节奏以及气势不能够明确地表现出来并出现严重错误时每次扣 0.5 分。

三、其他扣分事项

(一)完成动作时超出比赛时间，在总分中扣除 0.5 分。

(二)比赛中运动员越过警戒线时，在总分中扣除 0.5 分。

(三)上述扣分事项，各裁判员根据该场场上主裁判员的口令进行扣罚。

四、计分方法

(一)品势比赛按照准确度、熟练度和表现力，结合其他扣分事项，合算其得分；

(二)在 7 名裁判员的判分中，除去最高分数和最低分数后，取分数的平均值。

五、容易产生扣分的主要注意事项

扣除 0.1 分的主要事项：

1.碎步；

2.重心平稳度(起伏、摆动)；

3.转体动作的稳定性(平衡、起伏)；

4.精细标准度；

5.节奏的掌握；

6.双手同时动作的技术动作，双手的摆放次序及位置；

7.身体形态的正确性；

8.气的体现。

扣除 0.5 分的主要事项(2009 年世锦赛起用)如下。

(一)准确度

1.少动作或错动作时；

2.该发声不发，不该发声时发声时；

3.两脚均越出起点一脚半径内；

4.非法跺脚，口鼻吐气、发声时；

5.动作连接间停顿3秒时;

6.该跺脚不跺脚时。

(二)熟练度、表现力

1.视线不向动作的行进方向时;

2.呼吸不统一,重心下沉时;

3.动作与动作之间的连接:动作过大、过小、扣肩、均衡和起伏等;

4.刚柔、缓急、节奏等不符合该套品势的要求时;

5.气的表现:气势、精神、态度、品位等。

第十四条　裁判员判分标准

一、基本姿势

(一)准备姿势

规定动作:

◎手掌伸直,从丹田开始慢慢向上握拳到胸口,然后向下旋转到丹田;

◎动作完成后,拳和拳的距离是一立拳距离,拳和道带的距离是一拳距离;

◎腕关节伸直;

◎双脚自一开始动作起成平行步,两脚掌全着地。

扣分事项:

◎握拳后向上做动作或从胸口开始时;

◎动作进行或完成后肘关节向上翘起时;

◎动作完成后拳和拳的距离不标准时;

◎腕关节弯曲时;

◎在开始动作至完成的动作过程中伴随着后脚跟的抬动。

(二)还原姿势

规定动作:

◎手掌伸直,从丹田开始慢慢向上握拳到胸口,然后向下旋转到丹田;

◎动作完成后,拳和拳的距离是一立拳距离,拳和道带的距离是一拳距离;

◎腕关节伸直;

◎双脚自一开始动作起成平行步,两脚掌全着地;

◎还原旋转时,利用前脚掌旋转。

扣分事项:

◎握拳后向上做动作或从胸口开始时;

◎动作进行或完成后肘关节向上翘起时;

◎动作完成后拳和拳的距离不标准时;

◎腕关节弯曲时；

◎在开始动作至完成的动作过程中伴随着后脚跟的抬动；

◎还原旋转时利用脚后跟或整个脚掌旋转时。

二、站势

（一）并步（立正姿势）

规定动作：

◎前脚尖向前方，双脚并拢；

◎双腿膝关节伸直。

扣分事项：

◎前脚尖向左或向右时；

◎双脚没有并拢时；

◎膝关节弯曲时。

（二）并排步（平行步）

规定动作：

◎脚内侧平行，前脚尖向正前方；

◎双脚内侧间隔宽度为一脚长宽度；

◎双腿膝关节伸直。

扣分事项：

◎前脚尖向左或向右时；

◎双脚内侧过宽或过窄时；

◎膝关节弯曲时。

（三）左、右站势（丁字步）

规定动作：

◎左脚或右脚向外侧旋转 90°；

◎双脚跟距离为一脚长距离；

◎双腿膝关节伸直。

扣分事项：

◎双脚外侧不形成 90°时；

◎双脚内侧间隔过多或过少时；

◎双腿膝关节弯曲时。

（四）走步（前行步）

规定动作：

◎自然走步停顿时的动作；

◎双脚内侧间隔为一脚长宽度；

◎前脚尖向正前方,后脚尖向正前方形成 30°角。

扣分事项:

◎前脚尖向左或向右时;

◎双脚内侧过宽或过窄时;

◎后脚尖角度大于 30°角时。

(五)马步

规定动作:

◎脚内侧平行,前脚尖指向正前方;

◎双脚内侧间隔为两脚长距离;

◎双腿膝关节弯曲,低头向下看时形成一条直线。

扣分事项:

◎前脚尖向左或向右时;

◎双腿内侧过宽或过窄时;

◎动作完成后,身体的重心向前或向后倾斜时。

(六)弓步

规定动作:

◎双脚间隔为两脚至两脚半距离,两脚掌内侧间的平行间隔为一拳距离;

◎前脚尖向正前方,后脚尖向下前方自然形成 30°角;

◎低头向下看时,前腿膝关节与前脚尖形成一条直线;

◎身体重心的 2/3 放在前腿,后腿膝关节伸直。

扣分事项:

◎步法过宽或过窄,前后脚左右交叉时;

◎后腿膝关节弯曲或脚后跟翘起时;

◎身体重心过多向前或向后时。

(七)三七步

规定动作:

◎双脚内侧和膝关节形成 90°角,两脚间间隔为两脚距离;

◎身体重心的 70% 在后腿,30% 在前腿;

◎动作完成后前腿的小腿与大腿的角度为 100°~110°。

扣分事项:

◎前后脚的角度或宽度,过宽或过窄时;

◎身体的重心向前或向后倾斜时;

◎臀部向后翘起,前腿弯曲的角度过宽或过窄时;

◎后腿膝关节向内或向外时。

（八）虎步

规定动作：

◎前脚后跟对着后脚尖；

◎身体重心的 90％～100％放在后脚。

◎后脚尖向正前方形成 30°角；

◎前脚尖轻轻点地；

◎动作完成后，后退的大腿与小腿的角度为 100°～110°。

扣分事项：

◎前后脚的角度或宽度，过宽或过窄时；

◎身体的重心过于向前或向后倾斜时；

◎后腿弯曲的角度过宽或过窄时；

◎后脚尖角度大于时；

◎臀部过于向后翘起时。

（九）前、后交叉步

规定动作：

◎双脚间隔距离为一拳距离；

◎交叉时，利用支撑腿的前脚掌旋转交叉；

◎身体重心的 90％～100％放在交叉腿上；

◎动作完成后双腿的膝关节分开一拳宽度；

◎后脚的脚后跟向上翘起，放在前脚外侧的中心点后；

◎重心脚向交叉方向自然成 30°角，支撑脚与重心脚间成 90°。

扣分事项：

◎双脚的距离过宽或过窄时；

◎交叉时支撑脚不旋转或脚后跟向下时；

◎动作完成后双腿膝关节并拢时。

（十）独立步

规定动作：

◎支撑脚的前脚尖和膝关节向正前方；

◎支撑腿弯曲，大腿和小腿的角度为 100°～110°；

◎提膝的膝关节向正前方，脚内侧紧贴支撑腿的膝关节。

扣分事项：

◎支撑腿膝关节或前脚尖向外或向内时；

◎大腿和小腿的角度过宽或过窄时；

◎提膝的脚内侧不紧贴支撑腿膝关节内侧时；

◎提膝的膝关节向外或向内时。

（十一）鹤立步

规定动作：

◎支撑脚的前脚尖和膝关节向正前方；

◎支撑腿弯曲，大腿和小腿的角度为 $100°\sim110°$；

◎提膝的膝关节向正前方，脚勾于支撑腿的膝弯处；

扣分事项：

◎支撑腿膝关节或前脚尖向外或向内时；

◎大腿和小腿的角度过宽或过窄时；

◎提膝的膝关节向外或向内时。

三、格挡

（一）下格挡

起始动作：

◎辅助手自然伸直至胸腹间位置，拳心向下；

◎格挡手放在辅助手一侧的肩部，拳心向脸部。手臂放松弯曲轻贴于胸部；

◎双臂的腕关节伸直。

规定动作：

◎动作完成后，格挡的手臂与大腿相距两个立拳或一立掌距离；

◎格挡手臂在大腿的正前方，拳心向大腿，腕关节伸直；

◎辅助手臂随动作过程放松收回，再抱拳于腰；

◎肩与正前方自然形成 $30°$ 角；

◎格挡动作与步法同时结束。

扣分事项：

◎格挡手臂的起点没有从肩部开始或拳心向下时；

◎格挡时辅助手臂没有伸直或手臂过高时；

◎动作完成后，格挡的手臂在大腿的左侧或右侧。

（二）中内格挡

起始动作：

◎拳握紧于体侧，拳心向外，肘关节放松下垂；

◎辅助手臂自然伸直到胸部高度；

◎高度的规定是不超过耳跟。

规定动作：

◎格挡的拳到人体的中心线；

◎格挡动作完成后，拳与肩部同高；

◎格挡动作完成后,手臂的角度为 90°～120°;

◎辅助手臂自然回收抱拳于腰。

扣分事项:

◎格挡的拳没有到人体的中心线或超过时;

◎格挡的高度比肩高或低时;

◎格挡手臂的腕部没有伸直时。

(三)中外格挡(外腕)

起始动作:

◎辅助手臂自然弯曲,拳心向下放于胸前;

◎格挡手拳心向上,放于髋关节处。

规定动作:

◎格挡手臂从髋关节开始,然后经过肩部时拳心向内;

◎动作完成后,格挡手臂的拳心向外;

◎格挡手臂的外侧线不能超出肩部的外侧;

◎格挡手臂的角度是 90°～120°;

◎辅助手臂自然收回抱拳于腰。

扣分事项:

◎格挡的手臂于肩部外侧偏内或偏外时;

◎格挡的高度不准确时。

(四)中外格挡(内腕)

起始动作:

◎辅助手臂自然弯曲,拳心向下放于胸前;

◎格挡手拳心向下,放于髋关节处。

规定动作:

◎格挡手臂从髋关节开始,然后经过肩部时拳心向外;

◎动作完成后,格挡手臂的拳心向内;

◎格挡手臂的外侧线不能超出肩部的外侧;

◎格挡手臂的角度是 90°～120°;

◎辅助手臂自然收回抱拳于腰。

扣分事项:

◎格挡的手臂于肩部外侧偏内或偏外时;

◎格挡的高度不准确时。

（五）上格挡

起始动作：

◎右上格挡时，右臂放在左髋关节外，拳心向上；

◎辅助手臂弯曲放在右肩部拳心向外。

规定动作：

◎格挡手臂的腕部到人体中心线；

◎格挡手臂与前额相隔一拳距离；

◎格挡手臂与前额高度相隔一拳距离；

◎肘关节轻微弯曲，腕关节伸直。

扣分事项：

◎格挡手臂起点动作从丹田或以上位置开始时；

◎格挡完成后，格挡的手臂形成45°。

（六）双手刀中位格挡

起始动作：

◎左侧手刀格挡时，左手放在中髋关节处，掌心向上；

◎辅助的手臂展开120°，手尖与肩部同高，掌心向外，腕部伸直。

规定动作：

◎动作完成后，格挡手的掌心向外，腕部伸直；

◎格挡手臂的角度是90°～120°；

◎格挡的手尖与肩部同高；

◎格挡的手刀经过右肩部；

◎辅助手臂的掌心向上与胸口同高，掌心与胸口间隔是一立掌距离。

扣分事项：

◎手刀直接从髋关节格挡时；

◎手刀起始动作比肩部高或低时；

◎手刀的手尖比肩部高或低时；

◎双臂肘关节向外翘起时。

（七）单手刀中位格挡

起始动作：

◎左侧手刀格挡时，左手放在中髋关节处，掌心向上；

◎辅助的手臂弯曲，握拳放在左肩部，拳心向外。

规定动作：

◎动作完成后，格挡手的掌心向外，腕部伸直；

◎格挡的手尖与肩部同高，手臂的角度是90°～120°；

◎辅助手自然收回抱拳于腰。

扣分事项：

◎格挡的手臂肘关节向外翘起时；

◎格挡的手臂腕关节弯曲时；

◎格挡的手刀比肩部高或低时。

（八）山型格挡

起始动作：

◎左臂从右髋关节处开始，拳心向下；

◎右拳心向外与耳部同高，肘关节放松下垂。

规定动作：

◎格挡时，交叉格挡要经过面部；

◎动作完成后，双臂与身体的角度约为90°，腕部与耳部同高。

扣分事项：

◎格挡的高度与角度不准确时；

◎格挡时不经过面部而直接格挡时。

（九）分势山型格挡

起始动作：

◎双拳心向下，双脚开始交叉；

◎双拳经过面部时交叉格挡。

规定动作：

◎格挡时，交叉格挡要经过面部；

◎动作完成后，双臂与身体的角度约为90°，腕部与耳部同高。

扣分事项：

◎格挡的高度与角度不准确时；

◎格挡时不经过面部而直接格挡时。

（十）拳或手刀双手格挡

起始动作：

◎双掌或拳向放在胸腹部高度；

◎原则上，那个腿有动作，那边的手臂放在外面；

◎如果是连续交叉格挡的动作，第二动作则与第一动作手臂位置的摆放相反。

规定动作：

◎双臂交叉为上臂相交；

◎格挡完成后，其标准按各种单个的技术标准评定。

扣分事项：

◎相交的手臂放置错误时；

◎格挡完成后，其技术标准错误时。

（十一）双手下格挡

起始动作：

◎从髋关节开始；

◎原则上，哪个腿有动作，哪边的手臂放在外面；

◎双臂肘关节放松弯曲。

规定动作：

◎动作完成后，双臂小臂形成"X"形状，双拳心向左右；

◎大腿与手臂交叉点距离为两立拳或一立掌距离；

◎肘关节轻微弯曲，腕关节伸直。

扣分事项：

◎格挡手臂起点动作从丹田开始或高于髋关节时；

◎动作完成后向左或向右，过宽或过窄时；

◎双臂交叉点不是小臂时。

（十二）外山型格挡

起始动作：

◎一臂做下格挡开始动作，另一臂作内腕外格挡开始动作；

◎双臂自然轻贴身体。

规定动作：

◎双臂同时快速交叉完成动作；

◎动作完成后，内腕外格挡手与身体的角度为90°，腕部与耳部同高。

扣分事项：

◎格挡的手臂高度不准确时；

◎格挡时慢慢进行时；

◎双臂动作不同步时。

（十三）金刚格挡

起始动作：

◎一臂以下格挡的起始动作放于肩部，另一臂以上格挡的起始动作放于髂部；

◎双臂自然放松贴于身体。

规定动作：

◎格挡时全身体用力；

◎双臂同时完成格挡动作；

◎缓慢格挡技术时，节奏是6～8秒。

扣分事项：

◎双臂没有同时同步完成动作；

◎动作过于缓慢时；

◎各格挡手不符合技术动作标准时。

（十四）单手掌中位内格挡（抵掌）

起始动作：

◎格挡手臂展开120°，手尖与耳部同高，掌心向外，腕部伸直；

◎辅助手自然伸直握拳。

规定动作：

◎腕部伸直，拍击于胸口的人体正中线。

扣分事项：

◎格挡的手掌腕部弯曲时，手臂肘关节翘起时；

◎不是弧线拍击而是直线推击或向下压时；

◎格挡手掌掌心向下时。

四、击

（一）正拳击

规定动作：

◎以攻击方法分类：直拳攻击，反拳攻击，立拳攻击；

◎以攻击目标分类：上（人中部位）、中（胸口剑突）、下（下腹部）段攻击；

◎以方向分类：侧拳、锤拳、旋转拳、勾拳。

扣分事项：

◎腕关节弯曲；

◎利用反作用力出拳，动作幅度过大或过小。

（二）直拳侧击

规定动作：

◎攻击的部位是胸口；

◎攻击的路线是从髋关节到心胸旋转攻击；

◎动作完成后侧击的高度与胸口同高。

扣分事项：

◎击打时肘关节翘起；

◎动作完成后拳的高度、路线不准确时；

◎动作完成攻击的部位、高度不准确时；

◎上身向攻击方向倾斜时。

（三）双仰正拳击

规定动作：

◎双拳从双髋关节处开始，拳心向下；

◎动作路线是斜上旋转击。

扣分事项：

◎起点时拳心向上；

◎向下或水平击打时。

（四）贯指刺击

规定动作：

◎刺的部位是胸口；

◎腕部伸直，手掌立起，五指并拢；

◎身体中正，辅助的手背放在进攻手臂的肘关节处，掌心向下；

◎攻击手与辅助手同时同步完成动作。

扣分事项：

◎动作完成后高度不准确时；

◎身体重心向前倾斜时；

◎腕部或手掌向下或向上时；

◎双手不是同时同步完成动作时。

五、打

（一）背拳前击

规定动作：

◎从髋关节开始，拳心向下；

◎经过下颌，高度是人中，腕部要伸直；

◎攻击手贴于身体。

扣分事项：

◎从胸口开始时；

◎高度不准确时；

◎攻击手不是贴近身体时。

（二）背拳侧击

规定动作：

◎从肩部开始，拳心向内；

◎攻击路线是直线攻击。

扣分事项：

◎从胸口开始时；

◎肘关节向上翘起时。

（三）下锤拳

规定动作：

◎从髋关节开始，拳心向下；

◎攻击的拳经过前额；

◎动作完成后拳心向左或向右。

扣分事项：

◎从胸口开始时；

◎高度不准确时；

◎锤拳从侧面攻打时。

（四）双肘侧击

规定动作：

◎双拳拳心向下，手臂左右交叉，动作向那个方向移动，那边的手臂在外；

◎手臂与胸口同高；

◎动作完成后，肘关节与胸口同高；

◎拳和拳间隔三拳距离。

扣分事项：

◎手臂在胸口交叉时；

◎动作完成后，肘关节比胸口高或低时；

◎拳和拳间相隔过宽或过窄。

（五）旋肘前击

规定动作：

◎攻击手臂的拳从髋关节开始，拳心向下；

◎辅助手臂放松伸直；

◎攻击路线是向斜上45°；

◎动作完成后，辅助手掌心顶于攻击肘拳面，手指伸直或收回抱拳。

扣分事项：

◎起点时从胸口开始；

◎攻击的肘过左或过右时。

（六）横肘拍击

规定动作：

◎攻击手臂的拳从髋关节开始；

◎辅助手臂轻握拳放松伸直；

◎攻击路线为横向击打，攻击肘至目标时，辅助手同时张开拍击于掌心；

◎动作完成后,肘尖拍击于辅助手掌心,手指伸直。

扣分事项:

◎起点时从胸口开始;

◎辅助手的拳过早张开;

◎拍击后手指没有伸直。

六、踢

(一)前踢

规定动作:

◎在标准的准备动作下,后腿的小腿放松夹紧,膝关节向正前方提起至胸腹间;

◎绷直脚背,勾起脚趾,直线以前脚掌踢击;

◎前踢时,双拳抬起放在胸口,身体中正,支撑腿伸直;

◎前踢腿法完成后迅速收小腿,保持膝关节高度后再迅速收腿;

◎前踢的标准高度是头部。

扣分事项:

◎踢腿像抬腿时;

◎踢腿时脚尖没有勾起时;

◎踢腿后不收回小腿而是直接落地时。

(二)横踢(旋踢)

规定动作:

◎在标准的准备动作下,后腿的小腿放松夹紧,膝关节向正前方提起至胸腹间;

◎踢腿时小腿向正前方呈 45°;

◎踢腿时,双拳抬起放在胸口,身体中正,支撑腿伸直;

◎踢腿的高度为头部,视线从攻击腿侧肩部向上望,勾起脚趾以前脚掌踢击;

◎前踢腿法完成后迅速收小腿,保持膝关节高度后再迅速收腿。

扣分事项:

◎踢腿像抬腿时;

◎踢腿时脚尖没有勾起时;

◎踢腿后不收回小腿而是直接落地时。

(三)侧踢

规定动作:

◎在标准的准备动作下,后腿的小腿放松夹紧,提膝到胸腹高度,脚跟对准目标;

◎身体中正,支撑腿伸直;

◎踢腿时脚后跟、髋关节、肩部和头部在同一平面上,脚趾斜指地面;

◎踢腿时双拳放在胸口,侧踢的高度是头部;

◎侧踢腿法完成后迅速收腿，回到原位。

扣分事项：

◎踢腿像推踢时；

◎踢腿时踝关节伸直或仅轻微弯曲时；

◎重心不稳定时；

◎踢腿后不收回，大腿直接向下落地时。

第十五条　分数显示

一、随着执行员的命令分布总分

二、分数显示方式

（一）使用电子判分器时

1.比赛结束各裁判员把分数输入到电子判分器中，各项得分将在显示器中显示；

2.最高分数和最低分数自动去除后，将自动显示最终得分。

（二）手动判分时

1.比赛结束后，记录员负责收集各裁判员的判分表，进行统计；

2.除去最高分数和最低分数后，取平均值并公布最后得分。

第十六条　优势判定

一、总分高的运动员为优胜者。

二、比赛中出现相同分数时熟练度分数高者胜；熟练度分数相同时，加最高、最低分重新统计得分；如统计后总分依然相同时，重新进行比赛。

三、重新比赛时，比赛内容为该组别指定品势中未抽中的品势。

四、获胜种类。

（一）优势胜：比赛中分数高的运动员获胜。

（二）弃权胜：

1.主裁判员或医生判断运动员无法完成比赛时。

2.计时1分钟后运动员无法进行比赛时。

（三）失格胜：参加比赛的运动员在资格审核中不符合比赛要求时。

（四）扣分胜：因违反扣分行为，累计2次扣分时。

第十九条　比赛中断的情况处理

一、运动员因受伤需要中断比赛时，主裁判员应采取以下处理程序：

（一）主裁判员根据情况，要及时发出"暂停"（shi-gan）口令和"计时"（kye-shi）的口令；

（二）允许运动员在 1 分钟内进行治疗；

（三）运动员在 1 分钟治疗后仍没有比赛的意向时，裁判员可判其弃权。

二、如果发生除以上受伤处理程序以外的、合理的需要中断比赛的情况，主裁判员要及时发出"暂停"(shi-gan)的口令中断比赛，计时 1 分钟后，继续比赛则发出"继续"(hye-shi)；1 分钟后运动员没有比赛的意向时，裁判员可判其弃权。

第二十条　裁判员

一、资格

（一）经中国跆拳道协会登记注册，持有中国跆拳道协会大众跆拳道裁判员资格证书者；

（二）大众跆拳道裁判等级的评定及管理办法由中国跆拳道协会另行规定。

二、场上裁判员的分类及任务

（一）主裁判员

1.参与场上运动员的判分；

2.出现第十三条的第三款规定的其他扣分事项时，由主裁判员负责宣布，其他裁判员根据主裁判员的宣布内容，进行扣罚；

3.运动员进场、退场时，执行员根据主裁判员的示意执行相应口令。

（二）裁判员

1.及时对场上的比赛进行判分；

2.根据主裁判员的口令，对扣分事项及相应内容进行判罚；

3.在主裁判员寻求意见时要如实回答自己的看法。

三、裁判员的裁决不容许更改并对仲裁委员会负责

四、裁判员的服装

（一）裁判员应穿着本协会指定的裁判员服；

（二）裁判员不得佩戴或携带任何影响比赛的物品。

五、当比赛中，裁判员出现明显的错误，如偏裁，无法接受的失误等行为时，竞赛监督员可及时向技术代表或竞赛管理委员会提出更换裁判员的要求。

第二十一条　记录员

记录员负责记录比赛计时、登记分数、统计成绩和及时公布成绩等工作。

第二十条　裁判员组成及分配

一、裁判员的组成

（一）7 裁制：主裁判员 1 名，裁判员 6 名；

（二）5裁制：主裁判员1名，裁判员4名。

二、裁判员分配

（一）场上裁判员的数量根据比赛具体情况，由组委会技术委员会在赛前决定；

（二）场上裁判员及主裁判员由裁判长确定；

（三）裁判长应当按照回避制度的要求安排上场裁判员；

（四）裁判员应当主动执行回避制度。

第二十三条　其　　他

出现本规则明文规定的情况，按照以下办法解决：

一、与比赛有关的，将该场比赛临场裁判员的一致意见报组委会竞赛委员会后，由竞赛组委会妥善处理。

二、与比赛无关的，由组委会办公室根据实际情况妥善处理。

三、组委会在会场合适位置安排录像设备，记录比赛过程备查。

第二十四条　仲裁及处罚

按照中国跆拳道协会颁布的《跆拳道竞赛仲裁条例》和《跆拳道记录处罚条例》执行。

知识拓展

校园小型跆拳道竞赛的组织与实施

一、跆拳道竞赛的组织方法

不管举办大型比赛还是小型跆拳道比赛应拟定组织方案，如竞赛性质、名称、内容、规模、组织机构、比赛经费预算、工作步骤和竞赛规程。竞赛名称，可根据举办的目的和规模来确定，如××大学跆拳道比赛等。竞赛内容，可由单一的品势或者竞技比赛组成。竞赛组织机构要全面考虑，以充分发挥各方面的积极作用，如举行校级跆拳道比赛，可请校体委主持，邀请校领导参加，组织相关各部门负责人，组成竞赛委员会。从而取得各方面的支持和帮助，让比赛得以更顺利更有保障。组织委员会的工作内容，由校体育部负责具体工作的同志拟定。对于具体工作步骤和计划，须由组织委员会相关人员讨论制订，可由承办的跆拳道协会或俱乐部落实。

二、宣传工作

开展跆拳道竞赛活动的目的和任务，是为了在各个基层单位进一步的推广和普及跆拳道运动，提高运动技术水平，检查教学和训练的质量。因此，在竞赛前要做好宣传工作。最好提前2～3个月就发规程，随后就要不断地利用一切可利用的条件，通过各种形

式和途径,如学生会、广播站、公告栏等,在不同场合进行适当的宣传。另外,还可以在体育课时,经常提示和鼓励学生参加比赛。

三、编排工作

竞赛的编排工作,首先要依据规程检查报名表,发规程时应附有报名表。如果在学校范围兴行,只要求参加单位把运动员姓名、性别、组别和参加级别在报名表中填写清楚,最好文字稿、电子稿各一份。

赛前必须准备相应的表格,如记录表、记分表。此外,还必须准备录取名次成绩表。

关于编排竞赛日程,可参照运动会计划排定。如果条件允许,尽可能规范编印秩序册,也可用张贴的形式把竞赛日程公布出来。

必须注意,尽管竞赛规模较小,麻雀虽小,五脏俱全,从思想上一定认真对待,努力把工作做细,以保证竞赛的顺利进行。

四、记录工作

尽可能设专职人员负责检查、登记、公布、统计成绩,及时公布各项名次。为了精减人员,可由裁判员中推选的专人兼职这项工作做好。同时,还要有专人负责检查。

五、裁判工作和裁判法

(一)裁判组织:在基层举行跆拳道竞赛,如多数裁判员是新手,可聘请一位比较有经验的人担任裁判长。这样既可为基层培养骨干,也可协助做好筹备工作。裁判员必须由懂得跆拳道知识、接受能力较强的人担任,场上主裁则要手势标准、刚硬果断、声音洪亮。人数不宜太少,裁判长也可以兼作执行裁判员,必要时可外请部分有经验的等级裁判,以便比赛顺利进行。

(二)裁判学习:首先要提高对裁判工作的认识,统一思想,要求做到公正、准确。学习规则时,要求掌握规则精神。

(三)选择规则和裁判法:尽量选择最新的跆拳道规则,这样有利于跆拳道运动的普及、推广和提高,有利于和高级别的赛事接轨。

六、后勤工作

后勤工作好坏是衡量一届比赛举办成功与否的重要指示,也是保障比赛能否顺利进行的重要因素。如果涉及校外单位参赛,就要在报名的精确地统计参赛人数、食宿人数及食宿时间,并认真做好赛前接待、赛期的安排、赛后的送离三个阶段的后勤工作。一般正式比赛中至少安排 2~3 名熟悉业务的专职人员。

七、总结工作

每场或每天比赛后,各裁判组进行小结,检查和改进裁判工作。大会结束后,裁判组和其他部门进行工作总结,肯定成绩,找出不足,为今后的跆拳道比赛打下良好的基础。

八、比赛规程（参考前竞赛规则）

浙江大学 2014 年"三好杯"跆拳道竞赛规程总则

一、主办单位

浙江大学体育运动委员会

二、承办单位

浙江大学公共体育与艺术部

三、协办单位

浙江大学学工部、团委、宣传部、校医院、后勤管理处、安全保卫处、各校区管委会、学生体育社团、体育协会。

四、参加单位

以学院（系）、学园为单位组队参赛。

五、竞赛分组

1.我校正式学籍的全日制本科生、研究生。

六、竞赛项目

1.男子组：－54kg　58kg　62kg　67kg　72kg　78kg　78kg＋。

2.女子组：－47kg　51kg　55kg　59kg　63kg　67kg　67kg＋。

七、竞赛时间和地点

××××年×月××日紫金港校区体育馆

八、竞赛办法

1.大一本科生按照所在学园参加求是学院各学园代表队。

2.大二及以上本科生、研究生参加各所在学园（系）、学院代表队。

九、参加条件

1.我校正式学籍的全日制本科生、研究生。

2.竞技比赛采取个人对抗赛单败淘汰形式。

3.男女最大级别上限为6kg,各级别允许上下浮动0.5kg。

4.每单位每个级别限报1名运动员。

十、竞赛方法

1.采用中国跆协审定的最新《跆拳道竞赛规则》。

2.采用个人对抗赛,单败淘汰制;每场比赛进行3个回合;每回合1分钟,局间休息30秒;决赛每回合2分钟,局间休息1分钟。

3.男女分组按级别比赛,如1个级别只有1人报名参赛时,则取消该级别的比赛、通知参赛单位,可更换级别

4.称量体重:×月×日晚上(××:××)在紫金港校区体育馆二楼。

5.组委会提供头盔、护身、护臂、护腿、护裆;比赛时运动员必须穿着道服,(护臂、护腿、护裆)比赛时穿在道服内。

十一、录取名次及奖励办法

1.比赛录取单项前五名。

2.各单项按成绩录取前八名颁发浙江大学"三好杯"奖状。

3.比赛按9、7、5、5(并列第三名)、2.5(并列第五名)计分,积分计入浙江大学×××
×年综合运动会各单位总分。

十二、报名办法

1.各参赛队必须下载附件表格认真填写报名表一式两份,一份于×月××日前报寄
电子信箱:××××××@163.com。另一份加盖学院公章后,在赛前的领队会议上
交出。

2.报名截止日期为×月××日,逾期不报作弃权论。

联系人:××老师,×××××××××。

十三、领队、教练员会议通知

领队、教练员会议:定于×月××日(周×)晚上××:××在紫金港校区体育馆二楼
召开。

会议具体内容:

1.分组抽签;

2.有关比赛的日程安排和其他重要事宜;

3.各参赛队上交盖有学院公章的报名表;

4.上交所有队员的校医院健康证明。

十四、其他事宜

1.未尽事项,另行通知。

2.本规程解释权属浙江大学公共体育与艺术部。

第八章　大学生体质健康标准测试及锻炼方法

国民的体质与健康是社会生产力的组成要素，也是关系到一个民族的强盛与国力兴衰的大事。大学生肩负着祖国建设的重任，应当了解自身的体质健康状况，进行科学的锻炼，不断提高体质与健康水平。

《国家学生体质健康标准》(2014 年修订，以下简称《标准》)的制定与实施，就是落实《国家中长期教育改革和发展规划纲要(2010—2020 年)》，落实"健康第一"指导思想的具体措施。标准作为促进学生体质健康发展、激励学生积极进行身体锻炼的教育手段，是学生体质健康的个体评价标准，也是学生能否毕业的基本条件之一。因此，每年一次的《国家学生体质健康标准》测试，可以让学生清楚地了解自己的体质与健康状况，帮助学生监测一年来体质与健康状况是否发生变化及变化的过程，检查评定增强体质的效果，分析影响体质强弱的因素，从而采取相应的措施，促进学生积极参加体育锻炼，养成良好的锻炼习惯，切实提高学生的体质和健康水平。

第一节　《国家学生体质健康标准》测试项目与评价指标

一、体质

体质(physical constitution)即人体质量，是指人体在先天的遗传性与后天获得性的基础上所表现出来的形态结构、生理机能、心理因素、身体素质、运动能力等方面综合的、相对稳定的特征。遗传是人的体质发展变化的先天条件，对体质的强弱有重大影响，但体质的强弱还取决于后天的环境、营养、保健、运动锻炼等多种因素。体质的形成、发展和衰竭过程具有明显的个体差异和年龄特征。物质生活条件是决定体质强弱的基本条件，而运动锻炼则是增强体质、增进健康的最积极最有效的手段。

体质的范畴主要包括以下五个方面：

1. 身体形态发育水平。即体型、姿势、营养状况、体格及身体成分等。

2. 生理机能水平。即机体新陈代谢水平以及各器官系统的工作能力。

3. 身体素质和运动能力发展水平。即心肺耐力、柔韧性、肌肉力量和耐力、速度、爆

发力、平衡、灵敏、协调、反应等身体素质及走、跑、跳、投、攀、爬等身体活动能力。

4.心理发育(或心理发展)水平。即机体感知能力、个性、意志等。

5.适应能力。即对内、外环境条件的适应能力、应急能力和对疾病的抵抗力。

这五个方面的综合状况是否处在相对稳定的状态,决定着人们的不同体质水平。

二、《国家学生体质健康标准》的测试项目

根据 2014 年修订版《标准》,大学生需要进行体质健康测试的项目共七项:身高体重、肺活量、50 米跑、坐位体前屈、立定跳远、引体向上(男)/1 分钟仰卧起坐(女)、1000 米跑(男)/800 米跑(女)。

三、《国家学生体质健康标准》评价指标与权重

表 8-1　《国家学生体质健康标准》评价指标与权重

测试对象	单项指标	权重(%)
全日制学生	体重指数(BMI)	15
	肺活量	15
	50 米跑	20
	坐位体前屈	10
	立定跳远	10
	引体向上(男)/仰卧起坐(女)	10
	1000 米跑(男)/800 米跑(女)	20

注:体重指数(BMI)=体重(千克)/身高^2(米^2)。

第二节　《国家学生体质健康标准》测试的操作方法

在实施《标准》的过程中,掌握各项目正确的测试方法是所有测评人员、学生需要了解的内容。测试工作必然和所使用的测试仪器有一定的关系,现在测试器材多种多样,有全手工操作的,也有电子仪器。手工操作与电子仪器的操作流程不完全相同。如使用带有 IC 卡的测试仪器就可以减少测试人员的记录和计算工作。但无论使用何种仪器,对测试人员的基本的操作要求是一致的,对于不同的测试器材,可参考相应测试器材的说明书。

一、身高体重

（一）测试目的

测试学生的身高体重，评定学生的身体匀称度，评价学生生长发育的水平及营养状况。

（二）测试方法

测试时，受试者赤足，立正姿势站在身高体重计的底板上（上肢自然下垂，足跟并拢，足尖分开约呈 60 度角）。如图 8-1、图 8-2 所示，足跟、骶骨部及两肩胛区与立柱相接触，躯干自然挺直，头部正直，耳屏上缘与眼眶下缘呈水平位，站稳后屏息不动，水平压板自动轻轻沿立柱下滑，轻压于受试者头顶。

图 8-1　身高体重测试　　　　　　　　图 8-2　身高体重测试

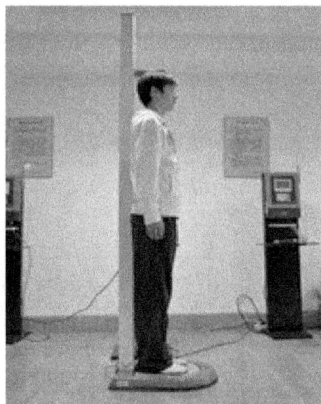

（三）注意事项

（1）测量计应选择平坦靠墙的地方放置，立柱的刻度尺应面向光源；

（2）受试者在测试时保持直立姿势，足跟、骶骨、肩胛骨贴近立柱，耳屏上缘与眼眶下缘呈水平位；

（3）受试者在测试时须站在底座踏板中央，上下踏板动作要轻，保持身体姿势稳定；

（4）受试者在进行身高体重测试前，应避免进行剧烈体育活动和体力劳动。

二、肺活量

（一）测试目的

测试学生的肺通气功能。

（二）测试方法

房间通风良好，使用干燥的一次性口嘴（非一次性口嘴则每换测试对象须消毒一

次)。受试者进行一两次较平日深一些的呼吸动作后,更深地吸一口气,然后屏住气向吹嘴处以中等速度和力度慢慢呼出至不能再呼为止,测试中不得中途二次吸气。液晶屏上最终显示的数字即为肺活量毫升值。每位受试者测三次,每次间隔 15 秒,记录三次数值,测试仪器自动选取最大值作为测试结果。

(三)注意事项

(1)测试时呼气动作只能一次性完成,不得中途二次吹气;

(2)吸气时不得将口对着吹嘴,呼气时不得用手堵住吹筒出气孔;

(3)电子肺活量计的计量部位的通畅和干燥是仪器准确的关键,手持外设施,请将电池仓与液晶屏朝上,防止水汽回流;

(4)每测试 100 人及测试完毕后用干棉球及时清理和擦干气筒内部,严禁用水、酒精等任何液体冲洗气筒内部;

(5)定期校对仪器。

三、800 米跑(女)或 1000 米跑(男)

(一)测试目的

测试学生耐力素质的发展水平,特别是心血管呼吸系统的机能及肌肉耐力。

(二)测试方法

受试者站立式起跑,手带外设腕表,听到"预备,跑"指令声后,即可开始起跑,冲过终点线,受试者躯干部到达终点线的垂直面时,则测试结束。

(三)注意事项

(1)测试时应注意的液晶腕表报告剩余圈数,以免跑错距离;

(2)跑完后应保持站立并缓慢走动,不要立即坐下,以免发生意外。远离终点线 5 米以外,不得立即返回到主机附近;

(3)不得穿皮鞋、塑料凉鞋、钉鞋参加测试。

四、立定跳远

(一)测试目的

测试学生下肢爆发力及身体协调能力的发展水平。

(二)测试方法

受试者两脚自然分开站立,站在起跳线后,脚尖不得踩线,听到开始测试指令,即可开始起跳,不得有垫步或连跳动作,从起跳区进入测量区后,向前走出跳毯,完成测试。每人试跳三次,记录其中成绩最好的一次。

(三)注意事项

(1)起跳时,脚尖不得踩线,若听到犯规提示"滴滴"声,应在脚下不离开跳毯情况下

往后挪动,直至听不到蜂鸣声即可;

(2)两脚原地同时起跳,不得有垫步或连跳动作,落地后向前或侧面离开跳毯方可进行下次测试;

(3)可以赤足,但不得穿钉鞋、皮鞋、塑胶凉鞋参与测试。

五、50 米跑

(一)测试目的

测试学生速度、灵敏素质及神经系统灵活性的发展水平。

(二)测试方法

受试者至少两人一组测试。站立起跑,受试者听到"跑"的口令后开始起跑,发令员在发出口令的同时要摆动发令旗,计时员视旗动开表计时,受试者躯干部到达终点线的垂直面停表。以秒为单位记录测试成绩,精确到小数点后一位,小数点后第二位数按非零进一原则进位,如 10.11 秒读成 10.2 秒记录。

(三)注意事项

(1)受试者测试最好穿运动鞋或平底布鞋,赤足亦可。但不得穿钉鞋、皮鞋、塑料凉鞋;

(2)发现有抢跑者,要当即召回重跑。

六、坐位体前屈

(一)测试目的

测量学生在静止状态下的躯干、腰、髋等关节可能达到的活动幅度,主要反映这些部位的关节、韧带和肌肉的伸展性、弹性及学生身体柔韧素质的发展水平。

(二)测试方法

如图 8-3 所示,受试者坐在仪器上两腿伸直,两脚平蹬测试纵板,两脚分开约 10～15 厘米,上体前屈,两臂伸直向前,用两手中指尖逐渐向前推动游标,直到不能前推为止。测试计的脚蹬纵板内沿平面为 0 点,向内为负值,向前为正值。测试两次,取最好成绩。

图 8-3　坐位体前屈测试

(三)注意事项

(1)身体前屈,两臂向前推游标时两腿不能弯曲;

(2)受试者应匀速向前推动游标,不得突然发力。

七、仰卧起坐

（一）测试目的

测试学生的腹肌耐力。

（二）测试方法

如图 8-4，受试者仰卧于垫上，两腿稍分开，屈膝约呈 90 度角左右，两手指交叉贴于脑后。另一同伴压住其踝关节，以固定下肢。如图 8-5 所示，受试者坐起时两肘触及或超过双膝为完成一次。仰卧时两肩胛必须触垫。测试人员发出"开始"口令的同时开表计时，记录 1 分钟内完成次数。1 分钟到时，受试者虽已坐起但肘关节未达到双膝者不计该次数。

图 8-4　仰卧起坐测试　　　　　　图 8-5　仰卧起坐测试

（三）注意事项

(1)如发现受试者借用肘部撑垫或臀部起落的力量起坐时，该次不计数；

(2)测试过程中，观测人员应向受试者报数。

八、引体向上

（一）测试目的

测试学生的上肢肌肉力量的发展水平。

（二）测试方法

如图 8-6 所示，受试者跳起双手正握杠，两手与肩同宽成直臂悬垂。如图 8-7 所示，静止后，两臂同时用力引体（身体不能有附加动作），上拉到下颌超过横杠上缘为完成一次。

图 8-6　引体向上测试

图 8-7　引体向上测试

（三）注意事项

（1）受试者应双手正握单杠，向上引体，吸气，注意抬头挺胸，上体尽量后仰，两肘外展，肩部放松，背部肌肉收紧，将身体向上拉引，下颌超越横杠；

（2）引体向上时，身体不得做大的摆动，也不得借助其他附加动作撑起；

（3）两次引体向上的间隔时间超过 10 秒则停止测试。

第三节　《国家学生体质健康标准》主要测试项目锻炼手段与方法

一、50 米跑

（一）技术要领（见图 8-8）

1.起跑：50 米一般采用站立式起跑，双脚一前一后站立，双腿屈膝，后腿大约曲 120 度，两臂一前一后自然曲臂准备，弯腰重心前倾，两眼看前下方 5～6 米处，注意力集中到耳部听发令。

图 8-8　50 米跑技术要领

2.加速跑:起跑后保持重心前倾加速,尽量晚抬头、晚抬体,避免因抬头而引起抬体过快过早增大阻力。

3.途中跑:途中跑任务是继续发挥和保持高速跑,在途中跑过程中,要求大腿迅速前摆,步幅大,两臂协调配合,加大摆动腿前摆幅度和速度,两腿快速交换步频,上下肢的协调配合,才能取得良好效果。

4.冲刺跑:要求尽量保持步频、步幅,身体前倾,冲刺。

(二)锻炼手段

1.技术练习:高抬腿、后蹬跑、起跑练习、摆臂练习、摆腿练习、冲刺跑。

2.爆发力的提高可采用超等长收缩和跳跃练习,例如跳深、障碍跳、跨步跳、单足跳等。

3.速度练习:行进间的冲刺跑——例如20米加速+20米冲刺跑、快速高抬腿接加速跑、30~50米加速跑。

4.力量练习:深蹲、半蹲、后抛、抓举、提踵等。

(三)锻炼方法

1.20~40米行进间快跑练习;

2.4×(50~250)米接力跑,加速跑,追赶跑练习;

3.短距离组合跑(20米+40米+60米+80米+100米)×(2~3)组或(30米+60米+100米+60米+30米)×(2~3)组;

4.短距离变速跑100~150米(30米快跑+20米惯性跑+30米快跑+20米惯性跑),3次×2~3组;

5.反复跑300~600米,(4~5)次×(2~3)组;

6.小步跑转入加速跑,50~60米;

7.高抬腿跑转入快速跑,50~60米;

8.后蹬跑转入快速跑,50~60米。

二、立定跳远

(一)技术要领(见图8-9)

图8-9 立定跳远技术要领

1.预摆:两脚左右开立,与肩同宽,两臂前后摆动,前摆时,两腿伸直,后摆时,屈膝降低重心,上体稍前倾,手尽量往后摆。要点:上下肢动作协调配合,摆动时一伸二屈降重心,上体稍前倾。

2.起跳腾空:两脚快速用力蹬地,同时两臂稍曲由后往前上方摆动,向前上方跳起腾空,并充分展体。要点:蹬地快速有力,腿蹬和手摆要协调,空中展体要充分,强调离地前的前脚掌瞬间蹬地动作。

3.落地缓冲:收腹举腿,小腿往前伸,同时双臂用力往后摆动,并屈膝落地缓冲。要点:小腿前伸的时机把握好,屈腿前伸臂后摆,落地后往前不往后。

(二)锻炼手段

1.力量练习

肩部肌群:俯卧撑、仰卧飞鸟、俯卧飞鸟、侧平举、颈后上举。

腹部肌群:仰卧起坐、仰卧举腿。

背部肌群:俯卧背屈、跳箱俯卧举腿、体前屈背起。

臀肌:深蹲、单腿跪举腿。

股四头肌:半蹲、浅蹲、弓步跳、跳箱跳。

小腿三头肌:提踵(单脚和双脚)、原地纵跳。

2.综合练习

(1)多级蛙跳:屈膝半蹲,上体稍前倾,双脚同时用力蹬地,充分伸直髋、膝、踝三关节,两臂同时迅速上摆。身体向前跃出,双腿屈膝落地缓冲后再接着向前跳;

(2)深蹲跳:全蹲下去,双脚同时用力向上跳起,连续做;

(3)单脚跳:用左脚连续向上或向前跳一定的次数,再换右脚做连续跳;

(4)多级跨步跳:连续以最少的步数,跨出最远的距离;

(5)跳台阶:原地双脚起跳,跃上台阶或其他物体,然后再跳下,反复进行。

(三)锻炼方法

1.挺身跳:原地屈膝开始跳,空中做直腿挺身动作,髋关节完全打开,做出背弓动作,落地时屈膝缓冲。

2.单足跳前进练习:一般采用左(右)去右(左)回的方法进行练习,距离控制在25~30米左右,完成3~4组。

3.收腹跳练习:从原地直立开始起跳,空中做屈腿抱膝动作或双手在腿前击掌,落地时一定要屈膝缓冲。越过一定高度兼远度或一定远度兼高度。

(四)错误动作纠正

1.预摆不协调。

解决办法:反复做前摆直腿后摆屈膝的动作,由慢到快。

2.上体前倾过多,膝关节不屈,重心降不下去,形成鞠躬动作。

解决办法:做屈膝动作,眼睛往下看,垂直视线不超过脚尖,熟练后就可不用眼睛看了。

3.腾空过高或过低。

解决办法:利用一定高度或一定远度的标志线来纠正这类错误效果很好。

4.收腿过慢或不充分。

解决办法:反复做收腹跳的练习,注意要大腿往胸部靠而不是小腿往臀部靠,动作要及时。

5.落地不稳,双腿落地区域有较大的差异。

解决办法:多做近距离的起跳落地动作,手臂的摆动要协调。地面设置标志物,双脚主动有意识地踩踏标志物。

三、坐位体前屈

(一)技术要领(见图 8-10)

1.测试前,受试者应在平地上做好准备活动,以防拉伤。

2.受试者坐在测试板上,两腿伸直,不可弯曲,脚跟并拢,脚尖分开约 10～15 厘米,踩在测量计垂直平板上,两手并拢。

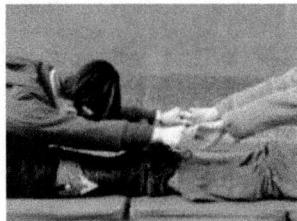

3.两臂和手伸直,渐渐使上体前屈,用两手中指尖轻轻推动标尺上的游标前滑(不得有突然前伸动作),直到不能继续前伸时为止。

图 8-10　坐位体前屈锻炼方法

(二)锻炼手段

1.静态拉伸:需要拉伸的肌肉被缓慢地拉长并保持在一个舒服的范围 10～30 秒,这里舒服的范围指肌肉被拉长但没有感觉到疼痛的那个位置,也就是说要做到无痛拉伸。当拉伸保持一段时间后,肌肉被拉伸的感觉减少,就可以轻柔地移向更大的位置并保持住。提高柔韧性最佳的静态拉伸时间是 30 秒。

2.被动拉伸:指拉伸者在外力的帮助下完成的拉伸,可以是弹性拉伸,也可以是静态拉伸。被动拉伸时,拉伸者要尽量放松,由外力移动被拉伸的肢体,以获得新的关节活动度。

(三)锻炼方法

1.可以采用各种拉伸将坐位体前屈分解为以下部分进行拉伸:大腿后部肌群——直膝压腿、屈膝(略屈)压腿,脊柱上部周围肌群——手握单杆静力下垂、手握肋木侧向拉伸,脊柱中下部——采用坐姿两腿屈膝分开前压,臀肌——屈膝(全屈)压腿,小腿后部肌群——弓步前压、扶墙单腿前压。

2.坐位体前屈拉伸采用静态拉伸比较好,时间 10～30 秒。

（四）锻炼中应注意事项

经过热身活动使肌肉温度升高，拉伸会更有效，所以应在测试前做准备活动10～15分钟，然后进行2～3次静力拉伸，每次时间10～30秒。

四、1分钟仰卧起坐

（一）技术要领（见图8-11、图8-12）

身体平躺仰卧于垫上，双肩胛骨着垫平躺，两腿屈膝，腹部与大腿呈90度，大腿与小腿呈90度，两手指交叉贴于脑后，臀部不能离垫面，由同伴压住脚面。用收腹屈背，双臂屈肘前摆内收，低头、含胸的力量起坐，动作协调一致，双肘触及两膝，然后后仰还原成预备姿势。

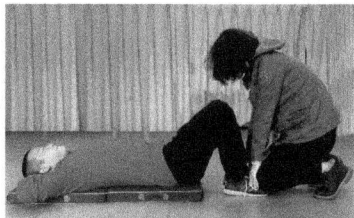

图8-11 仰卧起坐动作示范

（二）锻炼手段

1.腹部：仰卧卷腹、静力卷腹。

2.屈髋肌肉：仰卧举腿、肋木举腿（直腿或屈腿）、站立屈腿举。

3.仰卧起坐最大力量练习：负重仰卧起坐、静力两头起。

4.仰卧起坐耐力：相对慢速，多重复次数；多组相对快速的计时或计次，并控制组间休息时间。

（三）锻炼方法

1.通过分别锻炼腹部和髋部提高躯干屈肌和屈髋肌力量，10～30次，2～4组。

2.负重仰卧起坐，以70%～90%强度，6～8次，3～5组。

3.相对慢速仰卧起坐来锻炼肌肉有氧能力，10～30次，2～4组。

图8-12 仰卧起坐动作示范

4.控制组间间歇的快速仰卧起坐，可采用计时与计次两种方式。计时10～30秒，2～4组，间歇2～4分钟。计次10～30次，2～4组，间歇2～4分钟。

（四）锻炼中应注意事项

虽然仰卧起坐是比较安全的测试方法，但在测试时还有两点需要注意：

1.在抬起上体的过程中尽量避免颈部过分紧张，要有意识地用腹部肌肉群完成动作；

2.避免头部在完成动作过程中摆动幅度过大。

五、引体向上

（一）技术要领

双手正握单杠,握距要宽,两脚离地,两臂身体自然下垂伸直。向上引体,吸气,注意抬头挺胸,上体尽量后仰,两肘外展,肩部放松,背部肌肉收紧,将身体向上拉引,下颌超越横杠。然后逐渐放松背阔肌,让身体徐徐下降,直到回复完全下垂,重复。

（二）锻炼手段

1. 屈肘肌群：直立哑铃弯举、单手哑铃弯举等。

2. 上臂屈肌：俯卧飞鸟、使用橡皮带的直臂下拉等。

3. 模拟引体向上练习：可采用有帮助情况下的引体向上、低杠引体向上、以橡皮带为阻力的下拉（就是双脚不离地,以引体向上动作下拉）等。

（三）锻炼方法

1. 对单个关节有针对性地进行力量练习。

（1）增加最大力量。练习方法有增大肌肉生理横断面和改善肌肉协调能力两种,前者采用最大负重的 60%～85% 的强度,重复 4～8 次,做 5～8 组；后者采用最大负重的85% 以上的强度,重复 1～3 次,做 5～8 组。

（2）增加肌肉耐力,练习方法有大强度间歇循环和低强度间歇循环两种,前者采用最大负重的 50%～80% 的强度,重复 10～30 次,休息间歇时间为练习时间的 2～3 倍；后者采用最大负重的 30%～50%,重复 30 次以上,甚至最高重复次数。

2. 模拟引体向上练习。动作接近专项动作,可以同时锻炼肩、肘两个关节肌肉力量与协调性,应在单个关节力量练习后做。

3. 完整引体向上可采用分组练习方法来增加练习总次数,例如可以将该人最大完成次数除以 2 为每组完成次数,做 3～4 组。

六、1000 米跑（男）/800 米跑（女）

（一）技术要领（见图 8-13）

1000 米/800 米跑的姿态应该是全脚掌着地,步伐轻盈,摆臂有力（幅度不用太大）。呼吸要均匀,要有节奏,不能忽快忽慢,呼吸节奏是每三步一呼,三步一吸,在保持速度的时候感觉呼吸困难,就需要调整为两步一呼,两步一吸,保持呼吸均匀和深度一致,这样跑起来才会感到轻快；跑步的过程中要注意抬头收腹,身体在比较低的高度上下起伏,双手自然配合脚步运动,减少身体左右晃动,减少不必要的能量浪费；保持步频,提高步长,来达到提高成绩。

图8-13　1000/800米技术动作要领

(二)锻炼手段

1.有氧运动能力

(1)持续跑：慢速持续跑，节奏轻松，时间30分钟；快速持续跑，以10千米/小时的跑速，时间10～45分钟；

(2)长距离低强度重复训练，以3～10千米/小时的速度短距离重复跑，次间休息时间等于完成时间，例如以3～10千米/小时的速度跑200米×10个×2组，组间休息5分钟。

(3)间歇训练法，重复训练法，法特雷克训练法——在持续跑中加入短时间的快速冲刺，10～45分钟。

2.无氧运动能力的锻炼方法

短距离高强度重复训练，80～600米，强度80%～100%，间歇30秒～10分钟，3～4组。

(三)锻炼方法

1.匀速跑800～1500米，整个过程都以均匀的速度跑；

2.中速跑500～1000米，要跑得轻松自然，动作协调，放开步子跑；

3.重复跑：反复跑几个段落(如200米、400米或800米等)，中间休息时间较长，跑的距离、重复次数、快慢强度都可根据自己的情况而定；

4.加速跑40～60米：反复跑，中间有较短时间的间歇；

5.变速跑1500～2500米：要求快跑与慢跑结合，如采用100米慢跑、100米快跑或100米慢跑、200米快跑等方法交替进行；

6.越野跑:利用自然地形条件练习,如在公路、田野或山坡(上下坡跑)练习;

7.跑台阶、跑楼梯练习。

(四)锻炼中应注意事项

1.不宜空腹进行长跑。热身时间不少于 15 分钟,直至内脏器官及心理处于良好的适应状态。在空腹状态下进行长跑容易引起低血糖,出现心悸、乏力、出汗、饥饿感、面色苍白、震颤、恶心呕吐等,较严重的可能导致昏迷甚至死亡。

2.正确呼吸。一般情况下,可两步或三步一呼,两步或三步一吸,注意节奏不能起伏过大。吸气方式上,应尽量采用鼻呼吸和口鼻混合呼吸。冬季长跑时,可用舌头抵住上颚,以避免冷空气直接大量吸入而造成对气管、支气管的刺激。

3.不宜在长跑过程中穿得太厚、太臃肿,妨碍身体的运动,加重身体的负担。宜穿比较宽松吸汗,适合运动的棉质服装。运动完后要及时加衣服或更换干爽衣服,以免发生感冒。

4.在进行 1000 米/800 米测试前如有身体不适,或在测试中有其他异常现象必须与测试老师沟通。

5.1000 米/800 米结束后应继续走动,不要立刻停下,以免发生意外。

知识拓展

仰卧起坐练习存在的误区

误区一:有些人没时间到健身房去锻炼,会选择在家里做一些基础而有效的简单锻炼方式来锻炼身体,希望能达到减肥的作用。仰卧起坐就是许多人选择的一种方式,很多人以为只要坚持做,就能达到减肥目的。

纠错:单纯依靠仰卧起坐只能达到局部的健身效果,因为仰卧起坐直接针对的是腹部肌肉群,长期锻炼的效果可能使腹部肌肉力量加强,但是身体其他部位,如大腿、臀部等得到的锻炼就比较少。所以,要注意的第一点就是要把仰卧起坐和其他健身方式有效地结合起来,才能达到身体的完美减肥效果。

误区二:通常许多人做仰卧起坐做得又快又猛,以为这样是腹部肌肉力量加强的表现,其实这么做很容易让腹部肌肉拉伤。

纠错:正确的做法应该是双手交叉抱于胸前,起坐时控制着让腹部发力。或者加大难度,把双手叠放在脑后,尽量展开双肘,这样才能达到锻炼效果。

误区三:许多人在中途做仰卧起坐的时候,身体会不自然地向某一个方向偏离。这样做是错误的,会让腹部肌肉锻炼得不均匀,从而身材走形。

纠错:应该尽量控制起卧的方向,不要偏离直线,而且速度要放慢,来锻炼腹部肌肉的控制能力,最好在起来时用心感觉一下腹部肌肉的运动状况。

第四节 《国家学生体质健康标准》测试成绩的评分标准

学生体测总分由标准分与附加分构成,满分为 120 分。标准分是各单项指标得分与权重乘积之和,满分为 100 分。附加分根据实测成绩确定,即对成绩超过 100 分的加分指标进行加分,满分为 20 分。大学生的加分指标为男生引体向上和 1000 米跑,女生 1 分钟仰卧起坐和 800 米跑,各指标加分幅度均为 10 分。

《标准》根据根据学生学年总分评定等级(见表 8-2):90.0 分及以上为优秀,80.0~89.9 分为良好,60.0~79.9 分为及格,59.9 分及以下为不及格。

表 8-2 《标准》总分与评定等级对应表

得　分	等　级
90 分及以上	优秀
80~89.9 分	良好
60~79.9 分	及格
59.9 分及以下	不及格

学生体质健康标准成绩每学年评定一次,按评定等级记入国家学生体质健康标准登记卡。学生毕业时的成绩和等级,按毕业当年学年总分的 50% 与其他学年总分平均得分的 50% 之和进行评定。《标准》测试的成绩达不到 50 分者按结业或肄业处理。

因病或残疾免予执行本《标准》的学生,填写《免予执行〈国家学生体质健康标准〉申请表》,存入学生档案。确实丧失运动能力,被免予执行《标准》的残疾学生,仍可参加评优与评奖,毕业时《标准》成绩注明免测。

《标准》实施办法规定:学生《标准》测试成绩评定达到良好及以上者,方可参加评优与评奖;成绩达到优秀者,方可获体育奖学分。《标准》成绩不合格者,在本学年准予补测一次,补测仍不合格者,则学年《标准》成绩为不及格。

一、体重指数(BMI)单项评分表(见表 8-3)

表 8-3 体重指数(BMI)单项评分表　　　　　　　　　(单位:千克/米²)

等　级	单项得分	大学男生	大学女生
正常	100	17.9~23.9	17.2~23.9
低体重	80	≤17.8	≤17.1
超重	80	24.0~27.9	24.0~27.9
肥胖	60	≥28.0	≥28.0

二、测试项目各单项评分表(见表 8-4、表 8-5)

表 8-4 大学男生各单项评分表

等级	单项得分	肺活量		立定跳远		坐位体前屈		引体向上		50 米跑		1000 米跑	
		大一大二	大三大四	大一大二	大三大四	大一大二	大三大四	大一大二	大三大四	大一大二	大三大四	大一大二	大三大四
优秀	100	5040	5140	273	275	24.9	25.1	19	20	6.7	6.6	3′17″	3′15″
	95	4920	5020	268	270	23.1	23.3	18	19	6.8	6.7	3′22″	3′20″
	90	4800	4900	263	265	21.3	21.5	17	18	6.9	6.8	3′27″	3′25″
良好	85	4550	4650	256	258	19.5	19.9	16	17	7.0	6.9	3′34″	3′32″
	80	4300	4400	248	250	17.7	18.2	15	16	7.1	7.0	3′42″	3′40″
及格	78	4180	4280	244	246	16.3	16.8			7.3	7.2	3′47″	3′45″
	76	4060	4160	240	242	14.9	15.4	14	15	7.5	7.4	3′52″	3′50″
	74	3940	4040	236	238	13.5	14			7.7	7.6	3′57″	3′55″
	72	3820	3920	232	234	12.1	12.6	13	14	7.9	7.8	4′02″	4′00″
	70	3700	3800	228	230	10.7	11.2			8.1	8.0	4′07″	4′05″
	68	3580	3680	224	226	9.3	9.8	12	13	8.3	8.2	4′12″	4′10″
	66	3460	3560	220	222	7.9	8.4			8.5	8.4	4′17″	4′15″
	64	3340	3440	216	218	6.5	7	11	12	8.7	8.6	4′22″	4′20″
	62	3220	3320	212	214	5.1	5.6			8.9	8.8	4′27″	4′25″
	60	3100	3200	208	210	3.7	4.2	10	11	9.1	9.0	4′32″	4′30″
不及格	50	2940	3030	203	205	2.7	3.2	9	10	9.3	9.2	4′52″	4′50″
	40	2780	2860	198	200	1.7	2.2	8	9	9.5	9.4	5′12″	5′10″
	30	2620	2690	193	195	0.7	1.2	7	8	9.7	9.6	5′32″	5′30″
	20	2460	2520	188	190	−0.3	0.2	6	7	9.9	9.8	5′52″	5′50″
	10	2300	2350	183	185	−1.3	−0.8	5	6	10.1	10.0	6′12″	6′10″

表 8-5　大学女生各单项评分表

等级	单项得分	肺活量		立定跳远		坐位体前屈		仰卧起坐		50 米跑		800 米跑	
		大一大二	大三大四	大一大二	大三大四	大一大二	大三大四	大一大二	大三大四	大一大二	大三大四	大一大二	大三大四
优秀	100	3400	3450	207	208	25.8	26.3	56	57	7.5	7.4	3'18"	3'16"
	95	3350	3400	201	202	24	24.4	54	55	7.6	7.5	3'24"	3'22"
	90	3300	3350	195	196	22.2	22.4	52	53	7.7	7.6	3'30"	3'28"
良好	85	3150	3200	188	189	20.6	21	49	50	8.0	7.9	3'37"	3'35"
	80	3000	3050	181	182	19	19.5	46	47	8.3	8.2	3'44"	3'42"
及格	78	2900	2950	178	179	17.7	18.2	44	45	8.5	8.4	3'49"	3'47"
	76	2800	2850	175	176	16.4	16.9	42	43	8.7	8.6	3'54"	3'52"
	74	2700	2750	172	173	15.1	15.6	40	41	8.9	8.8	3'59"	3'57"
	72	2600	2650	169	170	13.8	14.3	38	39	9.1	9.0	4'04"	4'02"
	70	2500	2550	166	167	12.5	13	36	37	9.3	9.2	4'09"	4'07"
	68	2400	2450	163	164	11.2	11.7	34	35	9.5	9.4	4'14"	4'12"
	66	2300	2350	160	161	9.9	10.4	32	33	9.7	9.6	4'19"	4'17"
	64	2200	2250	157	158	8.6	9.1	30	31	9.9	9.8	4'24"	4'22"
	62	2100	2150	154	155	7.3	7.8	28	29	10.1	10.0	4'29"	4'27"
	60	2000	2050	151	152	6	6.5	26	27	10.3	10.2	4'34"	4'32"
不及格	50	1960	2010	146	147	5.2	5.7	24	25	10.5	10.4	4'44"	4'42"
	40	1920	1970	141	142	4.4	4.9	22	23	10.7	10.6	4'54"	4'52"
	30	1880	1930	136	137	3.6	4.1	20	21	10.9	10.8	5'04"	5'02"
	20	1840	1890	131	132	2.8	3.3	18	19	11.1	11.0	5'14"	5'12"
	10	1800	1850	126	127	2	2.5	16	17	11.3	11.2	5'24"	5'22"

三、加分指标评分表（见表8-6）

表8-6　加分指标评分表

加　　分	引体向上（男）	仰卧起坐（女）	1000 米跑（男）	800 米跑（女）
10	10	13	−35″	−50″
9	9	12	−32″	−45″
8	8	11	−29″	−40″
7	7	10	−26″	−35″
6	6	9	−23″	−30″
5	5	8	−20″	−25″
4	4	7	−16″	−20″
3	3	6	−12″	−15″
2	2	4	−8″	−10″
1	1	2	−4″	−5″

注：1.引体向上、一分钟仰卧起坐均为高优指标，学生成绩超过单项评分100分后，以超过的次数所对应的分数进行加分

2.1000 米跑、800 米跑均为低优指标，学生成绩低于单项评分100分后，以减少的秒数所对应的分数进行加分

学以致用

1.简述 50 米跑的锻炼手段与锻炼方法。

2.简述坐位体前屈的锻炼手段与锻炼方法。

3.简述立定跳远的锻炼手段与锻炼方法。

附件

浙江大学关于学生体质测试中违反规定的处理办法

为了维护学生体质健康标准测试秩序,进一步加强测试规范化管理,倡导优良的风气,杜绝测试违规现象,根据《国家学生体质健康标准》实施办法和学校的有关文件精神,经学校奖惩委员会讨论,特制订违反测试规定的处理办法,具体如下:

第一条　测试违规的界定

1. 代替他人和被代替者,在测试时被及时发现尚未实施的、在测试过程中被发现的、以及在测试后被发现的;

2. 在《标准》测试中通过不正当手段获取各测试项目加分的。

第二条　处理办法

(一)批评教育

1. 在体质健康测试中违规行为,一经发现查实,通报给学生所在的学院、系、学园,由所在院系(学园)对该生进行批评教育;

2. 该学生本学年的体测成绩清零;

3. 该学生须在本学年内至少全程参加一期体质健康提高班(由体艺部举办,每学年四期,每期五周,每周三次针对性训练),完成课程后参加提高班统一组织的补测,以补测成绩作为该学生本学年的测试成绩。

(二)上报学校

已批评教育的学生再次发生违规行为,一经发现查实,上报学校奖惩委员会按学校相关规定处理。

第三条　本办法自发布之日起施行;上述未尽事宜,由公共体育与艺术部负责解释。

浙江大学公共体育与艺术部

2013 年 9 月 29 日

参考文献

[1]高谊,陈立人.跟专家练跆拳道.北京:北京体育大学出版社,1998.

[2]陈立人.跆拳道.北京:人民出版社,2003.

[3]刘卫军.跆拳道.北京:高等教育出版社,2004.

[4]杜七一.现代跆拳道教程.武汉:湖北科学技术出版社,2007.

[5]张英波.现代体能训练方法.北京:北京体育大学出版社,2006.

[6]张英波.现代力量训练方法.北京:北京体育大学出版社,2007.

[7]钱永领.跆拳道.广州:华南理工大学出版社,2009.

[8]中国跆拳道协会.中国大众跆拳道教程.北京:人民体育出版社,2009.

[9]骆红斌,刘军.大学生跆拳道教程.北京:北京体育大学出版社,2010.

[10]吴剑,朱莉.武术.杭州:浙江大学出版社,2013.

[11]http://www.chntkd.org.cn/中国跆拳道协会会员网站.

浙江大学出版社
ZHEJIANG UNIVERSITY PRESS

互联网+教育+出版

立方书

教育信息化趋势下，课堂教学的创新催生教材的创新，互联网+教育的融合创新，教材呈现全新的表现形式——教材即课堂。

轻松备课　分享资源　发送通知　作业评测　互动讨论

"一本书"带走"一个课堂"　教学改革从"扫一扫"开始

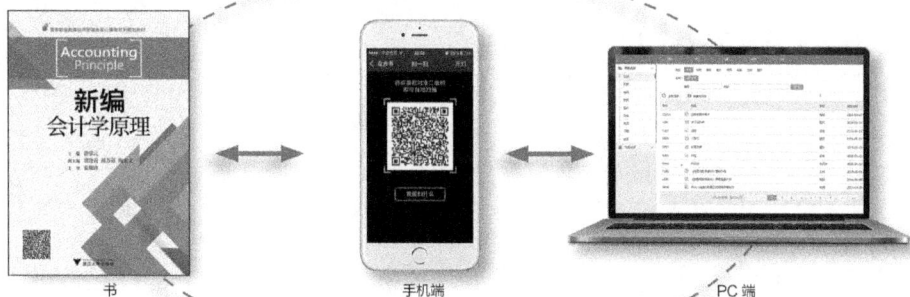

书　　　　　　　　手机端　　　　　　　　PC端

打造中国大学课堂新模式

【创新的教学体验】

开课教师可免费申请"立方书"开课，利用本书配套的资源及自己上传的资源进行教学。

【方便的班级管理】

教师可以轻松创建、管理自己的课堂，后台控制简便，可视化操作，一体化管理。

【完善的教学功能】

课程模块、资源内容随心排列，备课、开课，管理学生、发送通知、分享资源、布置和批改作业、组织讨论答疑、开展教学互动。

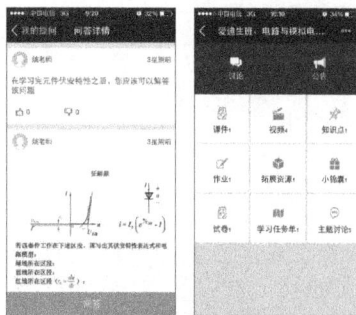

扫一扫 下载APP

教师开课流程

➡ 在APP内扫描封面二维码，申请资源

➡ 开通教师权限，登录网站

➡ 创建课堂，生成课堂二维码

➡ 学生扫码加入课堂，轻松上课

网站地址：www.lifangshu.com
技术支持：lifangshu2015@126.com；电话：0571-88273329